Joseph Prince

Zur richtigen Zeit am richtigen Ort

Joseph Prince

Zur richtigen Zeit am richtigen Ort

Aus dem Englischen von
Mirjam Mutschler

Grace today Verlag

Die englische Originalausgabe erschien im Verlag 22 Media Pte. Ltd. unter dem Titel *Right Place Right Time.* Copyright © 2006 by Joseph Prince. Published by arrangement with 22 Media Pte. Ltd., www.josephprince.com.

Die Deutsche Nationalbibliothek verzeichnet diese Publikation in der Deutschen Nationalbibliografie; detaillierte bibliografische Daten sind im Internet über http://dnb.dnb.de abrufbar.

Bibelzitate, sofern nicht anders angegeben, wurden der Schlachter Bibelübersetzung entnommen. Bibeltext der Schlachter, © 2000 Genfer Bibelgesellschaft. Alle Rechte vorbehalten. Alle Bibelübersetzungen wurden mit freundlicher Genehmigung der Verlage verwendet.

ELB *Revidierte Elberfelder Bibel,* © 2006 SCM R.Brockhaus, Witten.
LUT *Lutherbibel 1984*, © 1985 Deutsche Bibelgesellschaft Stuttgart.
NEÜ *Neue evangelistische Übersetzung,* © Karl-Heinz Vanheiden.
NGÜ *Neue Genfer Übersetzung,* © 2011 Genfer Bibelgesellschaft.
NLB *Neues Leben Bibel,* © 2006 SCM R.Brockhaus, Witten.
ZÜB *Züricher Bibel,* © 2007 Verlag der Züricher Bibel.

Umschlaggestaltung: © 22 Media Pte. Ltd.
Corporate Design: spoon design, Olaf Johannson
Lektorat: Gabriele Kohlmann, Sonja Yeo
Satz: Grace today Verlag, Gerald Wieser
Druck: CPI – Clausen & Bosse, Leck
Printed in Germany

4. Auflage 2024

Taschenbuch: ISBN 978-3-95933-028-2, Bestellnummer 372028
E-Book: ISBN 978-3-95933-029-9, Bestellnummer 372029

www.gracetoday.de

Inhalt

Kapitel 1

Göttlich arrangierte Treffen

Zeit und Geschick trifft sie alle

Kennst du Menschen, die scheinbar immer zur richtigen Zeit am richtigen Ort sind? Sie treffen ständig zur richtigen Zeit am richtigen Ort auf die richtigen Leute. Das kann in einem Einkaufszentrum, einem Aufzug oder bei der Arbeit sein. Und es geschieht meistens, wenn sie zusätzliche Finanzen, einen neuen Job oder einen Lebenspartner brauchen. Ohne eigenes Zutun treffen sie Menschen, von denen sie dann gesegnet werden, oder gelangen in Situationen, in denen sie genau zum richtigen Zeitpunkt gesegnet werden. Manche Menschen bezeichnen diese Vorfälle als »göttliches Eingreifen«.

Hast du dich jemals gefragt, warum manche Menschen allem Anschein nach mehr von diesem göttlichen Eingreifen erleben als andere? Sie ziehen das an, was die Welt »Glück« nennt. Aber es ist kein »Glück«, es ist Gottes Zeitplanung. Sowohl ihre als auch deine Bedürfnisse sind ihm bestens bekannt. Er weiß, wann, wo, wie und durch wen deine Bedürfnisse gestillt werden sollen.

Prediger 3,11 (NEÜ) sagt uns: »Alles hat er so eingerichtet, dass es schön ist zu seiner Zeit …« Möchtest du in Gottes Zeitplanung vorkommen? Ich werde dir aufzeigen, wie du zur richtigen Zeit am richtigen Ort sein kannst. Doch sehen wir uns zuerst König Salomos Leben an.

König Salomo war der reichste Mann, der je gelebt hat. Bis zum heutigen Tag gibt es niemanden, der auch nur annähernd so reich gewesen wäre, wie er es war. Salomo war der Sohn von König David und er liebte den Herrn. Obwohl er sein Herz gegen Ende seines Lebens vom Herrn abwandte, kehrte er vor seinem Tod zum Herrn zurück.

Salomo hatte einiges über Timing zu sagen. Er schrieb das Buch Prediger. In Prediger 9,11–12 (ELB) sagte er:

Ferner sah ich unter der Sonne, dass nicht die Schnellen den Lauf gewinnen und nicht die Helden den Krieg und auch nicht die Weisen das Brot und auch nicht die Verständigen den Reichtum und auch nicht die Kenntnisreichen die Beliebtheit, sondern Zeit und Geschick trifft sie alle. Denn auch kennt der Mensch seine Zeit nicht. Wie die Fische, die gefangen werden im verderblichen Netz, und wie die Vögel, die in der Falle gefangen werden, wie sie werden die Menschenkinder verstrickt zur Zeit des Unglücks, wenn es plötzlich über sie fällt.

Beachte, was Salomo durch den Heiligen Geist sagte: »Nicht die Schnellen gewinnen den Lauf.« Das heißt, der Gewinner des Rennens ist nicht unbedingt der Schnellste. Ich höre alle Langsamen jetzt »Gott sei Dank!« rufen. Salomo fuhr fort: »nicht die Helden den Krieg.« Anders ausgedrückt heißt das, derjenige, der die Auseinandersetzung gewinnt, ist nicht unbedingt der Stärkere. »Gott sei Dank!«, sagen die Schwachen. Als Nächstes sagte Salomo, dass Verständige nicht die Einzigen sind, die Reichtum erwerben: »auch nicht die Weisen das Brot und auch nicht die Verständigen den Reichtum.« Hier folgt die interessanteste Aussage: »noch die Erfahrenen Gunst, denn sie sind alle von Zeit und Umständen abhängig.«

Salomo sagt uns, dass nicht diejenigen, die besser, klüger und stärker sind, den Krieg gewinnen, das Rennen gewinnen, die Reichtümer erwerben und Gunst erhalten. Sondern die, die zur richtigen Zeit am richtigen Ort sind, gewinnen das Rennen und genießen Gunst und Erfolg!

Nur Gott kann dich zur richtigen Zeit an den richtigen Ort stellen und dir guten Erfolg schenken.

Der Einzige, der dich zur richtigen Zeit an den richtigen Ort bringen kann, ist Gott. Man kann durch eigene Bemühungen versuchen, sich selbst besser für den Erfolg aufzustellen, indem man mehr studiert, härter arbeitet und noch mehr strategische Beziehungen pflegt. Man ist dann minimal schneller, minimal stärker und hat bessere Beziehungen, doch nur Gott kann uns zur richtigen Zeit an den richtigen Ort stellen und uns guten Erfolg schenken.

Es gibt auch Menschen, die sich zur falschen Zeit am falschen Ort befinden. Sie verfangen sich in einem »Netz« und wissen nicht einmal warum. In Prediger 9,12 (ELB) heißt es:

Denn auch kennt der Mensch seine Zeit nicht. Wie die Fische, die gefangen werden im verderblichen Netz, und wie die Vögel, die in der Falle gefangen werden, wie sie werden die Menschenkinder verstrickt zur Zeit des Unglücks, wenn es plötzlich über sie fällt.

Dies beschreibt die Kategorie von Menschen, die nicht gesegnet sind. Sie sind wie Fische, die »mit dem tödlichen Netz gefangen werden«. Für sie scheint alles schief zu laufen. Von allen Flügen, die an einem einzigen Tag von einem Flughafen starten, nehmen sie letztlich das Flugzeug, das abstürzt. Sie geraten in böse Umstände und kommen nicht wieder heraus. Diese Menschen befinden sich zur falschen Zeit am falschen Ort.

Aber diejenigen, die zur richtigen Zeit am richtigen Ort sind, geraten nicht in Schwierigkeiten. Stattdessen erhalten sie die Segnungen. Sie erhalten die

Gunst, sie erhalten die Versorgung, sie erhalten die besten Angebote.

Für »Ereignisse, bei denen alles passt« braucht man Gott

Man mag an Motivationsseminaren teilnehmen, in denen unterrichtet wird, wie man durch eigene Kraft zum Erfolg kommen kann. Dort erfährt man dann, dass man sein Leben und seinen Tag planen, seiner Vision folgen und sein Tempo festlegen muss. Sprüche 16,9 sagt uns jedoch: »Das Herz des Menschen denkt sich seinen Weg aus, aber der Herr lenkt seine Schritte.« Wenn wir ehrlich und demütig genug sind, werden wir anerkennen, dass wir Gott in unserem Leben brauchen.

Wenn du dich auf dich selbst verlässt, wirst du dafür sorgen müssen, dass alles in Ordnung ist. Ich habe jedoch festgestellt, dass man seinen Tag, sein Jahr und sein Leben noch so gut planen kann – und doch kann es regnen, ein starker Wind kann wehen und ein Ast kann genau auf deinen Kopf fallen! Gott steckt nicht hinter diesem Unglücksfall – du warst einfach zur falschen Zeit am falschen Ort. Und während du dort verletzt im Regen liegst, fragst du dich: »Ich habe meinen Tag so gut geplant, was ist nur los?«

Willst du zur richtigen Zeit am richtigen Ort sein? Dann vertraue Gott, dass er dich dort hinführt. Ich habe Leute aus unserer Gemeinde gesehen, die finanziell schwierige Zeiten durchmachten, als ihnen plötzlich ein Bekannter oder ein Freund über den Weg lief, der ihnen kurz darauf eine Anstellung gab. Der Freund hatte gerade eine freie Stelle in seiner Firma anzubieten und fand heraus, dass dieser Christ eine Begabung hat, die in seiner Firma benötigt wurde. Ich habe schon öfter gesehen, wie Unternehmen dauerhaft Segen erfuhren, wenn Christen aufgrund solcher »Begegnungen zur richtigen Zeit« eingestellt wurden.

Wie geschieht das alles? Vielleicht sagen einige von euch: »Na ja, sie haben sich einfach zufällig getroffen!« Mein Freund (damit meine ich natürlich immer auch alle Leserinnen), es ist nicht der Zufall, der sie zusammengeführt hat, es ist der Heilige Geist.

Ich habe so oft gesehen, wie Gott Menschen in unserer Gemeinde mit seiner Gunst gesegnet hat. Ich habe Menschen gesehen, die einer finanziellen

Krise gegenüberstanden, und als sie zum Herrn beteten, stellte er sie zur richtigen Zeit an den richtigen Ort. Kundenzahlungen gingen ein, die sie aus ihrer finanziellen Not befreiten. Sie hatten nicht unbedingt die besseren Produkte oder Dienstleistungen. Manchmal hatten sogar ihre Mitbewerber die besseren Produkte und Dienste. Aber sie waren einfach zur richtigen Zeit am richtigen Ort. Das Timing passte. Der Kunde benötigte kurzfristig Ware und diese Menschen waren gerade da, um ebendiesen Bedarf zu decken.

Vielleicht hast du im Moment keine Arbeit. Vielleicht wünschst du dir eine Ehefrau oder einen Ehemann. Vielleicht musst du die Verkaufszahlen deiner Firma steigern. Glaube heute also, dass Gott dir in den nächsten Tagen Erfolg schenken wird, indem er dich zur richtigen Zeit an den richtigen Ort stellt!

Kapitel 2

Gott koordiniert das Timing

»Richtiges Timing« in der Bibel

In Prediger 9,11 (ELB) steht: »Zeit und Geschick trifft sie alle.« Im Dezember 2001 predigte ich eine Botschaft über diese Wahrheit. Ich erinnere mich, wie ich Gott während der Predigtvorbereitung zu mir sagen hörte: »Sieh dir die Versangabe an.« Ich sagte: »Ich kenne die Versangabe.« Er wiederholte: »Sieh dir die Versangabe an.« Also sah ich nach und bemerkte die Zahlen »9,11«. Und ich erinnerte mich, dass die Terroranschläge vom 11. September (9/11) sich erst wenige Monate zuvor ereignet hatten. Ist das nicht eine interessante Versangabe für eine Bibelstelle, bei der es darum geht, zur richtigen Zeit am richtigen Ort zu sein?

Gott möchte uns in Prediger 9,11 Folgendes sagen: Damit du im Leben erfolgreich sein und Unglücken oder Unfällen entkommen kannst, musst du zur richtigen Zeit am richtigen Ort sein. Verstehst du, es ist nicht wichtig, wie schön du bist oder wie viele Abschlüsse du hast, weil du Gott brauchst, um zur richtigen Zeit am richtigen Ort zu sein. Wenn Gott dich zur richtigen Zeit an den richtigen Ort stellt, wirst du letzten Endes genau das Richtige tun oder die richtigen Menschen treffen und Gottes Versorgung erfahren. Und wärst du nicht gerne zur richtigen Zeit am richtigen Ort?

Der Heilige Geist – der göttliche Zeit-Koordinator

Das hebräische Wort für »Zeit« ist *'et* und bedeutet einfach »Timing«. Interessanterweise kommt das Wort *'et* zum ersten Mal in der Geschichte von Noah und der Arche vor. Jeder kennt die Geschichte von Noah. Er verstand es, sein Vermögen über Wasser zu halten, als sich die Welt verflüssigte! Während einer Krise wurde er beschützt. Als der Regen endlich aufhörte und das Wasser langsam zurückging, schickte Noah einen Vogel aus, um herauszufinden, ob es trockenes Land gäbe. Doch er schickte den falschen Vogel aus, nämlich einen Raben. Und Raben sind Aasfresser. Wahrscheinlich trieben eine Menge Leichen umher, von denen der Rabe sich ernähren konnte!

Doch das zweite Tier, das er ausschickte, war eine Taube. Tauben fressen kein Aas. Eine Taube ist also der richtige Vogel, um nach Leben zu suchen. Denk daran, dass Tauben auch ein Bild für den Heiligen Geist sind. Die Taube fand außerhalb der Arche keinen Ort, an dem sie sich ausruhen konnte, deshalb kehrte sie zur Arche zurück und zeigte Noah dadurch, dass das Wasser immer noch weite Teile des Landes bedeckte. Nach sieben Tagen schickte Noah die Taube wieder aus. Dieses Mal kam sie mit einem Olivenblatt in ihrem Schnabel zurück (1Mo 8,11). Von diesem Vers kommt unser heutiges Friedenssymbol – eine Taube mit einem Olivenblatt in ihrem Schnabel. Nun wusste Noah also, dass es einen Hinweis auf Land und Leben gab.

Wann kam die Taube denn zu Noah zurück? In 1. Mose 8,11 (NLB) heißt es, dass sie »gegen Abend« zurückkehrte. Genau hier finden wir das Wort *'et*, das »Timing« bedeutet. Anders ausgedrückt war das »Timing« hier »gegen Abend«. Wir könnten auch sagen, dass »gegen Abend« das »richtige Timing«

war, weil die Taube zu diesem Zeitpunkt mit guten Neuigkeiten zurückkehrte.

Beachte auch, dass die erste Erwähnung von »Timing« oder »richtigem Timing« mit dem Heiligen Geist zu tun hat, der durch eine Taube verkörpert wird. Was bedeutet das? Es bedeutet, dass der Heilige Geist derjenige ist, der das »richtige Timing« in unserem Alltag arrangiert! Er ist derjenige, der uns zur richtigen Zeit an den richtigen Ort stellt. Der Heilige Geist ist derjenige, der bewirkt, dass wir göttlich arrangierte Treffen erleben.

Das hat nichts mit deinen Fähigkeiten oder deiner Intelligenz zu tun. Nur der Heilige Geist kann dich zur richtigen Zeit an den richtigen Ort stellen und dafür sorgen, dass du gesegnet wirst. Und sofern du ein Gläubiger bist, der vom Blut Jesu gewaschen wurde, hast du den Heiligen Geist in dir, der dich führt und zur richtigen Zeit an den richtigen Ort stellt.

Die schunemitische Frau und ihr göttlich arrangiertes Treffen

2. Könige 8 enthält ein Beispiel einer Frau, die zur richtigen Zeit am richtigen Ort war. Doch lass mich zuerst den Hintergrund dieser Geschichte erzählen. Elisa war ein Prophet Gottes, der doppelt so viele Wunder erlebte wie sein Lehrmeister Elia. Warum? Weil Elisa hungrig genug war, um Gott um einen doppelten Anteil der Salbung zu bitten.

In 2. Könige 4,8–37 finden wir eines dieser Wunder. Gott gebrauchte Elisa, um einen Jungen von den Toten aufzuerwecken. Die Mutter des Jungen war eine liebenswürdige schunemitische Frau. Elisa besuchte das Haus der Frau regelmäßig. Sie und ihr Mann erkannten, dass er ein Mann Gottes war. Deshalb richteten sie in ihrem Haus eine kleine Kammer für Elisa ein, damit er sich dort ausruhen konnte, wann immer er wollte.

Die schunemitische Frau und ihr Mann konnten keine Kinder bekommen. Deshalb segnete Elisa sie mit dem Segen des Herrn, woraufhin die Frau bald einen Jungen zur Welt brachte. Der Junge wuchs heran, aber eines Tages, während er auf dem Feld spielte, erlitt er einen Schlaganfall und starb später auf dem Schoß seiner Mutter. Lange Rede, kurzer Sinn: Elisa weckte den Jungen wieder von den Toten auf. 2. Könige 8,1–3 (NLB) erzählt uns, was dieser Frau als Nächstes widerfuhr:

Elisa hatte der Frau, deren Sohn er lebendig gemacht hatte, aufgetragen: »Nimm deine Familie und ziehe an einen anderen Ort, denn der Herr hat beschlossen, Israel eine Hungersnot zu schicken, die sieben Jahre dauern wird.« Und die Frau tat, was der Prophet ihr geraten hatte. Sie nahm ihre Familie und zog für sieben Jahre ins Land der Philister. Als die sieben Jahre vorüber waren, kehrte sie aus dem Land der Philister zurück und ging zum König, um mit ihm über ihr Haus und ihr Land zu reden.

Diese Frau hatte ihr Haus verlassen, um der Hungersnot zu entkommen, weil der Mann Gottes es ihr so aufgetragen hatte. Nachdem sie sieben Jahre lang weg gewesen war, kehrte sie zurück und stellte fest, dass andere Menschen ihr Land in Besitz genommen hatten. Also ging sie zum König von Israel, um dort ihre Bitte auf Rückgabe ihres Hauses und Landes vorzutragen. Während sie auf ihrem Weg zum König war, hatte der König *zufälligerweise* einen Gast bei sich. Und dieser Gast war *zufälligerweise* Elisas Diener Gehasi.

Sieh dir 2. Könige 8,4 (NLB) an: »Als sie kam, sprach der König gerade mit Gehasi, dem Diener des Propheten. Er hatte ihn aufgefordert: ›Erzähl mir noch mehr über die großen Taten, die Elisa vollbracht hat.‹« Also erzählte Gehasi dem König, wie Elisa den Jungen der Frau von den Toten auferweckt hatte. Und während er die Geschichte erzählte, besuchte genau diese schunemitische Frau, deren Sohn Elisa zum Leben erweckt hatte, den König, um ihre Bitte vorzutragen!

2. Könige 8,5–6 (NLB) berichtet:

Gehasi erzählte ihm, wie Elisa einen Toten ins Leben zurückgeholt hatte. In diesem Augenblick trat die Mutter des Jungen, den er lebendig gemacht hatte, ein, um mit dem König über ihr Haus und ihr Land zu sprechen. »Sieh doch, mein Herr!«, rief Gehasi. »Dies ist ja die Frau, und das ist ihr Sohn – der, den Elisa ins Leben zurückgeholt hat!« Da fragte der König sie und sie bestätigte es. Da wies er einen Mann aus seinem Hofstaat an: »Gib ihr alles zurück, was sie aufgegeben hat, einschließlich dessen, was ihr Land in ihrer Abwesenheit an Ernten eingebracht hat.«

Mein Freund, das nenne ich Timing! Der König hätte Elisas Diener zu jedem anderen Zeitpunkt während der sieben langen Jahre der Hungersnot zu einer Audienz einladen können. Warum geschah es genau dann, als die schunemitische Frau auftauchte, um dem König ihr Anliegen vorzutragen? Wir wissen es nicht. Folgendes wissen wir jedoch sicher: Gott ist derjenige, der die Zeit koordiniert! Wann immer er seinen Willen in unserem Leben geschehen lassen will, passiert es nach seiner Zeitplanung. Mein Freund, dein Leben ist kein Zufall. Dass du dieses Buch in die Hand genommen hast, ist kein Zufall. Dein Leben ist so wundervoll verflochten wie ein Wandteppich!

»Ich habe diesen Flug für dich aufgehalten«

Gott ist erstaunlich. Er kann sogar dafür sorgen, dass dir Verspätungen von Nutzen sind. Als unsere

Tochter Jessica erst zwei Jahre alt war, fuhren meine Frau und ich mit ihr in den Urlaub. Wir nahmen Jessica zum ersten Mal in einem Flugzeug mit. Ich konnte kaum glauben, wie viele Dinge wir für sie einpacken mussten. Wendy und ich teilten uns ein Gepäckstück, aber Jessica hatte zwei große Gepäckstücke!

Am Ende unseres Urlaubs hatten wir einen Nachtflug nach Hause gebucht, damit wir rechtzeitig zur Eröffnung des Dialysezentrums zurückkehrten, für das unsere Gemeinde Geld gesammelt hatte. Auf dem Weg zum Flughafen gerieten wir in einen Stau. Ich dachte mir: »Kein Problem, wir haben noch ausreichend Zeit. Wir schaffen es.«

Als wir am Flughafen angelangt waren, eilten wir zu den Schaltern, nur um festzustellen, dass sie geschlossen waren. Irgendwann fanden wir endlich einen Schalter, der noch geöffnet hatte, und erkundigten uns bei einem Mann nach unserem Flug. Wir gaben ihm unsere Flugnummer und er sagte uns: »Ihr Flug sollte laut Plan vor einer Stunde abgeflogen sein.« Mich verließ aller Mut. Ich wandte mich zu Wendy um, die sich auf unseren Reisen immer darum kümmert, unsere Flüge zu bestätigen, und fragte: »Schatz, kannst du bitte auf den Tickets nachsehen?« Wendy sah sich die Tickets an und entdeckte, dass der Flug planmäßig um 21:30 Uhr ging, und nicht um 22:30 Uhr, wie sie gedacht hatte! Fairerweise muss ich sagen, dies war das erste Mal, dass Wendy solch ein Fehler unterlaufen war. Normalerweise ist sie sehr genau.

Ich sah Wendy an und sagte: »Schatz, du darfst viele Fehler machen, du darfst sogar tausendundeinen Fehler machen, aber dieser eine Fehler ist wirklich der schlimmste Fehler, den man machen kann!« Wendy fühlte sich richtig schlecht. Wir mussten dem Mann hinter dem Schalter leidgetan haben. »Schauen Sie«, sagte er, »ich bearbeite das für Sie, aber ich kann Ihr Gepäck nicht einchecken, dafür ist es zu spät.« Das Flugzeug hebt gleich ab, nehmen Sie also ihr Gepäck mit und rennen Sie die Strecke bis zum Abfluggate und sollte das Flugzeug dann noch da sein, steigen Sie ein.« Ich war überrascht, dass wir den Flug vielleicht noch bekommen konnten.

Also schnappten wir unser Gepäck und rannten so schnell wir konnten. Es war eine Herausforderung, denn es war spät am Abend und es war das Ende des Urlaubs, was bedeutete, dass wir sehr müde waren! Außerdem war das Gate am anderen

Ende des Terminals. Als wir es erreichten, standen immer noch ein paar Flugbegleiter dort, also checkten sie unser Gepäck ein und schickten uns ins Flugzeug. Mittlerweile war ich ziemlich verärgert über die Situation. Vielleicht denken einige von den Lesern jetzt: *»Pastor Prince, Sie müssen lernen, geduldig zu sein.«* Nun ja, alles was ich dazu sage, ist, dass ich noch nicht lügen gelernt habe!

Dann hörte ich eine Ansage: »Sehr verehrte Damen und Herren, wir haben Probleme mit dem Förderband.« Da begriff ich, dass der Abflug sich verzögert hatte, weil aufgrund des defekten Förderbandes noch nicht alles Gepäck in den Frachtraum des Flugzeugs geladen worden war. Ich reise oft und habe trotzdem noch nie gehört, dass ein Flugzeug Verspätung hatte, weil ein Förderband defekt war! Klar, Flugzeuge hatten sich wegen technischer Probleme oder schlechtem Wetter verspätet, aber wegen eines defekten Förderbandes? Ich war auf jeden Fall sehr froh, dass das Flugzeug Verspätung hatte, sodass wir den Flug noch erwischen und rechtzeitig zur Eröffnungszeremonie da sein konnten.

Nachdem wir zehn weitere Minuten gewartet hatten, dachte ich: »Meine Güte, wer hält diesen Flug so lange auf?« Auf einmal spürte ich die Liebe

Gottes. Ich spürte, wie Gott zu mir sagte: »Ich habe diesen Flug für dich aufgehalten.« Insgesamt hatten wir von dem Moment an, in dem wir das Flugzeug betraten, ungefähr 20 Minuten, um uns einzurichten, etwas zu trinken und es uns gemütlich zu machen, bevor das Flugzeug abhob.

Man kann nicht wütend bleiben, wenn man Gottes Liebe und Versorgung spürt.

Wie konnte ich also weiterhin verärgert sein, wenn ich doch Gottes Liebe und Versorgung spüren konnte? Ich versuchte, meine Verärgerung mit den Problemen, die wir gerade erlebt hatten, zu begründen: Wir hatten die falsche Abflugzeit gehabt, das zusätzliche Gepäck einer Zweijährigen herumgeschleppt, waren vom einen Ende des Terminals zum anderen gerannt … Aber wenn es Gott egal war, warum sollte ich mich dann darüber ärgern?

Gott kann also Verspätungen benutzen. Vielleicht sagst du mir: »*Pastor Prince, wenn ich im Stau feststecke, bekomme ich schlechte Laune. Ich sehe überhaupt nichts Gutes darin!*« Mein Freund, vertrau mir, irgendetwas Gutes passiert immer. In Römer 8,28 (LUT) steht: »Wir wissen aber, dass denen, die Gott lieben, alle Dinge zum Besten dienen, denen, die nach seinem Ratschluss berufen sind.« Gott sagte nicht, dass alles gut sei. Er sagte, dass alles zum Besten dient.

Gott kann eine Krise zum Segen wenden

Gott kann dich zur richtigen Zeit an den richtigen Ort stellen. Allerdings landen manche Menschen zur falschen Zeit am falschen Ort. Sie sind wie Vögel, die in ein Fangnetz geraten. Von Zeit zu Zeit werden Menschen von Tragödien getroffen. Menschen verlieren ihre Arbeitsstelle, Ehen scheitern und Krankheiten oder Unfälle nehmen die Leben derer, die wir lieben.

Die Leute sagen mir: »Das Böse um uns herum nimmt zu.« Nein, mein Freund, Tragödien geschehen in vereinzelten Situationen. Sie sind nicht überall. Lass dich nicht vom Teufel hereinlegen. Und lass dein Leben nicht von Furcht bestimmen. Genieße die Zeit. Wenn Tragödien in gewissen Ländern die dortigen Touristenzahlen beeinflussen, dann mache dir die verbilligten Flüge in diese Länder zunutze. Nutze die Tatsache aus, dass es in diesen Ländern keine Menschenmassen oder langen Schlangen an Touristenattraktionen geben wird.

Beispielsweise ist der Tourismus in Israel seit vielen Jahren beeinträchtigt. Pack also deine Koffer und schaue dir dort die schönen Orte der Bibel an! Ich erinnere mich daran, dass ich mit ein paar anderen nach Israel reiste, als das Land gerade einer Krise an der Grenze zu Syrien gegenüberstand. Deshalb hatten wir die Orte ganz für uns und haben das sehr genossen! Selbst das Hotel und dessen gesamtes Personal mussten wir mit niemandem teilen. Wir wurden also gut umsorgt.

Wenn hingegen alles gut aussieht, muss man sich an beliebten Touristenattraktionen in lange Schlangen einreihen. Wenn alles in Ordnung ist und die Sonne scheint und das Wetter perfekt ist, muss man so lange anstehen wie in Disneyland.

Auf das richtige Timing kommt es an, wie man so schön sagt. Bitte also den Heiligen Geist, dass er dich mit den richtigen Ereignissen segnet und dich zur richtigen Zeit an den richtigen Ort stellt!

Kapitel 3

Gott führt uns

Gott legt Wünsche in dein Herz, um dich zu leiten

Möchtest du zur richtigen Zeit am richtigen Ort sein? Dann finde heraus, wie Gott dich heute leitet. Gott will dich zur richtigen Zeit an den richtigen Ort stellen, und er weiß, wie er dich dahin führt.

Ich möchte dir etwas darüber sagen, wie man Gottes Stimme hört. Ich bin ein Charismatiker. Das heißt, dass ich ein in Sprachen redender, den Teufel jagender, Berge versetzender, die Bibel herumschleppender Christ bin! Ich glaube auch an die Gaben des Heiligen Geistes. Aber ich bin gegen Lehrmeinungen, die den Menschen das Gefühl vermitteln, sie wären schlechtere Christen, wenn sie Gottes Stimme nicht hören können. Einige Gemeindeleiter sagen zum Beispiel, man habe Gott »verpasst«, wenn man nicht weiß, wie man Gottes Stimme hört. Diese Gemeindeleiter scheinen zu sagen: »Du musst auf meine Ebene der Geistlichkeit hochkommen, denn ich weiß, wie man Gottes Stimme hört.« Andere sagen uns: »Besuche mein Seminar, weil ich vier Schritte entwickelt habe, die dir helfen, Gottes Stimme zu hören. Ich habe fünf ›Signale‹ in mir, die mir dabei helfen, seine Stimme zu erkennen. Also komm und lerne von mir.« Doch damit verkomplizieren diese Leiter das, was Gott einfach gemacht hat!

Solche Lehren haben die Gemeinde durchdrungen und das ist gefährlich, weil es bedeutet, dass nur eine kleine Elite Gottes Stimme hören kann. Und diese Wenigen werden dir manchmal weismachen wollen, dass du zu ihnen gehen musst, wenn du von Gott wissen willst, wen du heiraten, für welchen Job du dich entscheiden, welche Kleider du kaufen sollst und so weiter. Anders ausgedrückt beherrschen oder lenken sie dein Leben, und das ist falsch!

Nun, ich bin nicht dagegen, Gottes hörbarer Stimme zu folgen, aber durch die Bibel habe ich herausgefunden, dass von Gott zu hören viel einfacher ist. Ich finde nirgendwo, dass der Apostel Paulus sagt: »Gnade und Frieden den Heiligen in Ephesus.

Ihr sollt lernen, die Stimme Gottes zu hören, indem ihr eure Türen schließt, euch in Dunkelheit darnieder kniet, eure Ohren öffnet und im Geiste seid.« Ich finde nichts dergleichen in Paulus' Briefen. Stattdessen finde ich, dass Paulus die Gemeinde mit solchen Worten unterweist: »Denn Gott ist es, der in euch sowohl das Wollen als auch das Vollbringen wirkt nach seinem Wohlgefallen« (Phil 2,13). Wer legt die richtigen Wünsche in unser Herz? Gott. Er ist es, der die Bereitschaft in dich hineinlegt, etwas zu tun oder irgendwo hinzugehen. Auf diese Weise führt er dich heute.

Es kamen schon Menschen auf mich zu und sagten Dinge wie: »*Pastor Prince, ich hatte kürzlich den Wunsch, einkaufen zu gehen, also ging ich einkaufen und traf zufällig einen alten Freund, der mir erzählte, dass sein Leben aus den Fugen geraten war, weil er gerade in einer Ehekrise steckte. Wissen Sie, Pastor Prince, ich lud ihn zum Gottesdienst letzten Sonntag ein und er empfing Jesus. Später hörte ich, dass er zu seiner Frau zurückkehrte und sie ihm nun eine neue Chance gibt.*« Solche göttlichen Ereignisse geschehen, weil du den Wunsch verspürt hast, einkaufen oder zum Mittagessen in ein bestimmtes Restaurant zu gehen. Wenn du später auf die Abfolge der Ereignisse zurückblickst, die deinen Freund zu Jesus führten, findest du darin überall Gottes Fingerabdrücke!

Manche Christen haben gelernt, ihrem Herzen oder ihren inneren Wünschen nicht zu glauben, weil sie gewarnt worden waren: »Überaus trügerisch ist das Herz und bösartig; wer kann es ergründen?« (Jer 17,9). Woher stammt dieser Vers? Ist er aus dem Neuen Testament? Schrieb ihn Paulus an die Gemeinde? Nein, er steht im Alten Testament.

Mein Freund, ich versichere dir, sobald du gerettet bist, nimmt Gott dein Herz aus Stein und legt ein Herz aus Fleisch in dich hinein (Hes 36,26). Das Neue Testament sagt uns, dass Gott es in unsere Herzen und unser Denken schreiben wird, wenn er will, dass wir etwas erkennen (Hebr 10,16). Anders ausgedrückt heißt das: Du wirst es in deinem Herzen und deinem Denken wissen. Auf diese Weise führt er dich heute. Du musst nicht die Tür schließen, dich im Dunkeln auf den Boden knien, ein paar Stunden lang still warten und dann ausprobieren, ob du etwas von Gott siehst oder hörst. Dann, wenn du beginnst, Dinge im Dunkeln blinken zu sehen, denkst du, dass Gott dir etwas zeigt und rufst laut: »Ja, eine Vision vom Herrn! Sprich zu mir, Herr!«

Lass dir gesagt sein, wenn du das tust, wird ganz sicher jemand zurückrufen: »Geh schlafen!«

Du musst nicht stundenlang warten, nur damit Gott dich führt. Gott vereinfacht Dinge, er macht sie nicht schwieriger.

Christus führt dich innerlich

Vielleicht sagen manche von euch: *»Na ja, Pastor Prince, glauben Sie nicht, es ist gut, auf den Herrn zu warten?«* Doch, das glaube ich, und ich genieße es, Zeit in seiner Gegenwart zu verbringen. Aber ich glaube nicht, dass wir stundenlang warten müssen, nur damit Gott uns führt. Gott vereinfacht Dinge, er macht sie nicht schwieriger.

Lass mich dir sagen: Wenn ein Prediger (mich selbst eingeschlossen) etwas predigt, das du nicht verstehst oder das sich in deinem Herzen »unstimmig« anfühlt, dann schau in der Bibel nach. Betont das Neue Testament, dass man lernen muss, Gottes Stimme zu hören? Oder betont es, dass du bereits *in* Christus bist und er *in* dir ist (Kol 1,27)? Denn wenn er in dir ist, dann gibt er dir Wünsche. Es ist oft so übernatürlich natürlich, dass es uns entgeht. Wir wissen nicht, dass es Gott ist, der zu uns spricht, weil wir sagen: »Wie kann mein Wunsch nach etwas von Gott eingegeben sein? Wie kann das Gott sein?« Viele Menschen begreifen nicht, dass Gott uns laut dem Neuen Testament heute so führt.

Der Apostel Paulus teilt uns in 1. Korinther 2,9 etwas darüber mit. Hier zitiert Paulus aus dem Alten Testament, aus Jesaja 64,3. In 1. Korinther 2,9 (NLB) steht: »Aber es ist passiert, wie es in der Schrift heißt: ›Kein Auge hat je gesehen, kein Ohr je gehört und kein Verstand je erdacht, was Gott für diejenigen bereithält, die ihn lieben.‹« Die Formulierung zwischen dem, was Paulus den Korinthern schrieb, und dem, was tatsächlich in Jesaja 64,3 steht, ist unterschiedlich. Mit anderen Worten: Paulus änderte das Zitat ein wenig ab. In Jesaja 64,3 (ZÜB) steht: »… für die, die auf ihn *warten*.« Doch Paulus schrieb: »… für diejenigen …, die ihn *lieben*.«

Warum schrieb Paulus *lieben* anstatt *warten*? Weil man im alten Bund (im Alten Testament) auf Gott warten musste. Aber heute müssen wir gemäß dem neuen Bund (im Neuen Testament) nicht auf

Gott warten. Warum? Weil Gott bereits *in* denen ist, die ihn lieben, in denen, die seinen Sohn angenommen haben. In Römer 5,5 heißt es: »Die Liebe Gottes ist ausgegossen in unsere Herzen durch den Heiligen Geist, der uns gegeben worden ist.« Wir lieben Gott, weil er uns zuerst geliebt hat (1Joh 4,19). Und er hat seinen Geist in uns hineingelegt, um uns jeden Tag zu leiten.

Gott zu hören bedeutet also schlicht und einfach, früh am Morgen zu beten: »Gott führe und leite mich heute.« Er wird dir oftmals Wünsche in dein Herz legen. Heute ist dir vielleicht danach, einen Freund zu besuchen. Wenn dem so ist, dann besuche ihn, denn dort wartet ein Wunder auf dich!

Du brauchst keinen Engel, der zu dir herabkommt und sagt: »Gehe ins Einkaufszentrum! Sieh dir die reduzierten Preise an! Nutze den Ausverkauf aus!« Ich weiß von Vorfällen, bei denen Frauen ihrem Wunsch, einkaufen zu gehen, gefolgt waren und Kleidungsstücke, die sie sich zuvor hatten kaufen wollen, plötzlich zu einem reduzierten Preis fanden. Diese Frauen waren, indem sie ihrem inneren Wunsch folgten, gerade zur richtigen Zeit am richtigen Ort gewesen. Vielleicht stimmen mir einige

Ehemänner nicht zu, aber ich glaube, dass es Gott war, der das Timing für sie arrangierte!

Leider denken einige Christen immer noch, dass wir mystische Wesen sein sollen, die auf den Herrn warten. »Man muss ein paar Tage lang fasten und beten, bevor Gott spricht«, sagen sie; als wäre Gott schwer zu überzeugen! Ich glaube diese Lehre nicht mehr, weil ich über die Jahre erlebt habe, wie Gott so viele Male durch mein Herz und mein Denken gesprochen hat.

Alles läuft darauf hinaus, dass wir zur richtigen Zeit am richtigen Ort sind und die richtigen Wünsche in unserem Herzen haben. Wenn du ein wiedergeborenes Kind Gottes bist, sind die Wünsche in deinem Herzen von Gott dort hineingepflanzt worden. Noch einmal, Philipper 2,13 sagt uns: »Gott ist es, der in euch sowohl das Wollen als auch das Vollbringen wirkt nach seinem Wohlgefallen.«

Wenn also Gott in dir wirkt, dann lerne, deinen Wünschen zu vertrauen. Es mag Umstände geben, in denen du deinen Wünschen nicht vertrauen kannst, aber du wirst erkennen lernen, welche Wünsche von Gott sind und welche nicht. Wenn du zum Beispiel die Frau eines anderen Mannes begehrst, muss man kein Genie sein, um zu wissen, dass das nicht von Gott ist! Manche Wünsche widersprechen dem Wort Gottes und die Bibel ist darin eindeutig. Aber wenn es sich um eine Grauzone handelt, dann mache dir keine Sorgen, du könntest Gottes Stimme in deinem Herzen verpassen. Gott wird reife christliche Freunde oder Leiter um dich stellen, die ebenfalls Gottes innere Stimme hören. Lerne sie kennen und erzähle ihnen, was du glaubst vom Herrn wahrzunehmen. Sie werden es abwägen und dich in Liebe leiten.

»Meine Schafe hören meine Stimme«

Manche Christen sagen: »Du weißt nicht, wie man Gottes Stimme hört. Deshalb leidest du gerade!« Gott ist nicht so. Denkst du wirklich, er weiß nicht, wie er auf unsere Ebene herabkommen kann? Jesus sagte in Johannes 10,27: »Meine Schafe hören meine Stimme, und ich kenne sie, und sie folgen mir nach.« Jesus sagte nicht: »Meine Schafe müssen *lernen*, meine Stimme zu hören.« Nein, für Jesus ist es selbstverständlich, dass wir seine Stimme hören. Aus diesem Grund sagte er: »Meine Schafe hören meine Stimme.« Wir sollten einfach seinen Worten glauben und aufhören, uns darum Sorgen zu machen, dass wir seine Stimme nicht hören können. Wenn du sein Schaf bist, *wirst* du seine Stimme hören!

Jesus sagte nicht: »Meine Schafe müssen lernen, meine Stimme zu hören.« Er sagte: »Meine Schafe hören meine Stimme.«

Er will uns zur richtigen Zeit an den richtigen Ort stellen, damit er unsere Bedürfnisse stillen kann. Und es ist einfach, von ihm geführt zu werden. Doch einige von uns geraten bei dem Versuch, Gottes Stimme zu hören, so sehr in Stress, dass wir seine Stimme vollends überhören. Ich sage dir, Gott spricht auf eine bessere und entspanntere Art zu uns. Gott verfährt dabei auf neutestamentliche Weise, und zwar so: Dein Herz ist so voll von Jesus, dass du automatisch zur richtigen Zeit am richtigen Ort landest. Und dir ist es vielleicht noch nicht einmal bewusst!

Gott kann sogar deine Fehler dazu gebrauchen, dir Erfolg zu schenken. Du nimmst den falschen Bus, aber du triffst einen alten Freund, der dir einen besseren Job anbietet! Gott kann ebenso Verspätungen benutzen. Durch eine Verspätung an der Ampel entgehst du dem Unfall vor dir! Wenn dein Herz voll von Jesus ist und du auf ihn ausgerichtet bist, wirst du zur richtigen Zeit am richtigen Ort sein! Und es ist wunderbar, so zu leben!

Der Herr vor uns und hinter uns

In 1. Mose 24 finden wir ein Beispiel dafür, wie Gott uns zur richtigen Zeit an den richtigen Ort führt. Abraham gab seinem obersten Diener die Anweisung, nach einer Frau für seinen Sohn Isaak zu suchen. In den Versen 39–40 (NLB) erzählt dieser Diener Rebekkas Eltern, wie er Rebekka am Brunnen gefunden und wie Gott seinen Weg mit Erfolg gesegnet hatte. Er sagte Folgendes:

> *›Aber was ist, wenn die Frau nicht mit mir kommen will?‹, fragte ich ihn. Da sagte er [Abraham] zu mir: ›Der Herr, in dessen Gegenwart ich lebe, wird seinen Engel mit dir schicken und dafür sorgen, dass dein Vorhaben gelingt. Du wirst in meiner Verwandtschaft eine Frau für meinen Sohn finden.‹*

Beachte hier, dass Abraham dem Diener gesagt hatte, Gott würde seinen Engel mit ihm senden und sein Vorhaben gelingen lassen. Gott wird das auch für dich tun. Er wird seine Engel vor dir her senden! Wann immer du das Wort »der Engel« (Einzahl) im Alten Testament findest, bezieht es sich auf die Erscheinung unseres Herrn Jesus Christus vor seiner Menschwerdung. Das Wort »Engel« bedeutet im Hebräischen »Bote«, der heilige Bote Gottes. Im Alten Testament bezieht sich »der Engel des Herrn« auf Jesus. Aber wenn »die Engel« (Mehrzahl) erwähnt werden, bezieht es sich nur auf Engel. Cherubim beispielsweise sind Engel mit Flügeln.

Der Diener erzählte Rebekkas Familie, dass Abraham zu ihm gesagt hatte: »Der Herr, in dessen Gegenwart ich lebe, wird seinen Engel mit dir schicken und dafür sorgen, dass dein Vorhaben gelingt.« Er sprach von Jesus. Jesus geht vor dir her und lässt dein Vorhaben gelingen. Ist es nicht wunderbar zu wissen, dass Jesus vor dir hergeht und den Weg bereitet? Gibt es irgendjemand Besseren als Jesus, um vor dir herzugehen?

In Israel ist es für einen Hirten Tradition, seinen Schafen Namen zu geben. Danach nimmt er diejenigen, denen er einen Namen gegeben hat, aus der

Herde heraus und geht vor ihnen her, um sie zu führen. So etwas sehen wir im Alten Testament. In 2. Mose 14,9–10 standen die Israeliten vor dem Roten Meer, hinter ihnen rückte das ägyptische Heer heran, um sie zu vernichten. Das nenne ich in der Klemme sitzen! Da waren sie und schrien zu Gott!

Nun, Gott war als Wolkensäule vor ihnen gewesen, als sie Ägypten verließen (2Mo 13,21–22). In Wirklichkeit war Jesus mit ihnen. Er führte sein Volk, wie ein guter Hirte das tut. Und was tat er, als sie vor dem Roten Meer standen? Er bewegte sich als Wolkensäule direkt hinter sie, um zu verhindern, dass ihnen das ägyptische Heer nahe kam (2Mo 14,19–20). Jesus verteidigte sein Volk. Gleichzeitig öffnete er das Rote Meer, damit alle Israeliten auf die andere Seite gelangen konnten. Ist es nicht wunderschön, wie Gott uns immer führt und sogar unseren Rücken deckt?

Aleph-Taw hat das erste und das letzte Wort

Ich will dir noch einmal anhand von Prediger 9,11 (ELB) zeigen, inwiefern Jesus der Eine ist, der uns zur richtigen Zeit an den richtigen Ort stellt. Sieh dir den Satz »Zeit und Geschick trifft sie alle« an. Im hebräischen Originaltext tauchen direkt nach dem Wort »treffen« die folgenden zwei nebeneinanderstehenden hebräischen Buchstaben auf: *Aleph* (א) und *taw* (ת). Diese Buchstaben את (beachte, dass man Hebräisch von rechts nach links liest) wurden in unseren deutschen Bibeln gar nicht übersetzt. Das macht es undeutlich. Ich werde dir erklären, was das Wort »את« bedeutet.

Aleph und *taw* sind der erste und der letzte Buchstabe des hebräischen Alphabets, genauso wie A und Z im deutschen Alphabet. Im Griechischen sind es Alpha und Omega. In Offenbarung 22,13 (NLB) sagt Jesus: »Ich bin das Alpha und das Omega, der Erste und der Letzte, der Anfang und das Ende.« Also beziehen sich *aleph* und *taw* zusammen auf Jesus! Er ist das Aleph und das Taw oder Aleph-Taw (את)!

Das bedeutet: Jesus hat in allen deinen Situationen das erste und das letzte Wort! Dein Problem hat nicht das letzte Wort. Nicht die Krise hat das letzte Wort. Nicht dein Arzt hat das letzte Wort. Jesus, der Aleph-Taw, hat das erste und das letzte Wort! Und er wird alles so einrichten, dass es schön ist zu seiner Zeit, indem er dich zur richtigen Zeit an den richtigen Ort stellt. Er ist der Eine, der die richtigen Orte und das richtige Timing in deinem Leben zusammenbringt, und er hat seine Unterschrift – **את** – in Prediger 9,11 gesetzt, damit du dir dessen sicher sein kannst!

Jesus hat in allen deinen Situationen
das erste und das letzte Wort!

Tu das eine, das wichtig ist – sitze zu Jesu *Füßen*

Mein Freund, du hast die Wahl. Du kannst dein Leben führen, indem du auf dich selbst aufpasst und sagst: »Ich muss darauf achten, dass ich mich gut positioniere … Ich sollte sicherstellen, dass ich die Beförderung bekomme … Ich sorge besser dafür, dass mich niemand ausnutzt …« Mit anderen Worten: Du lebst ein Leben voller Stress, alterst schnell und bewegst dich mit überhöhter Geschwindigkeit auf dein Grab zu!

Oder du lebst jeden Tag deines Lebens, indem du auf Gottes Stimme hörst, mit der er dich durch deine inneren Wünsche führt, und folgst den Anregungen, mit denen er dein Herz berührt. Die Wahl liegt bei dir.

Ich habe meine Wahl getroffen. Es gibt den Einen, der alles und jedes Detail kennt, und ich ruhe in ihm. Mein Herz ist voll von ihm und ich bin im Frieden. Wenn wir seine Liebe genießen, stellt er uns zur richtigen Zeit an den richtigen Ort. Wenn er möchte, dass ich etwas tue, wird er zu mir sprechen. Je mehr ich das verstehe, desto *mehr* höre ich seine Stimme und desto *deutlicher* höre ich sie.

Ich will das anhand der Geschichte zweier Schwestern, Maria und Marta, veranschaulichen. In Lukas 10,38–42 (NLB) sehen wir, dass Jesus ins Haus dieser zwei Schwestern kam. Die Bibel berichtet uns, dass Marta mit der Bewirtung beschäftigt war, während Maria zu Jesu Füßen saß und seinen Worten zuhörte. Ich glaube, sie bewunderte auch seine Schönheit und betete ihn an. Dann wurde Marta wütend, weil ihre Schwester ihr nicht bei der Arbeit half. Also ging sie zu Jesus und beschwerte sich: »Herr, ist es nicht ungerecht, dass meine Schwester hier sitzt, während ich die ganze Arbeit tue? Sag ihr, sie soll kommen und mir helfen.« Aber statt Marta zuzustimmen, verteidigte Jesus Maria. Er sagte: »Meine liebe Marta, du sorgst dich um so viele

Kleinigkeiten! Im Grunde ist doch nur eines wirklich wichtig. Maria hat erkannt, was das ist – und ich werde es ihr nicht nehmen.«

Maria saß also zu Jesu Füßen, um mit ihm Zwiesprache zu halten und einfach seine Liebe zu genießen und seine Schönheit zu bewundern, während Marta beschäftigt und um andere Dinge besorgt war. Ich zeige dir nun, wie die Tatsache, dass Maria zu Jesu Füßen saß, bewirkte, dass sie das Richtige zur richtigen Zeit tat.

Spulen wir die Geschichte vor: Ungefähr eine Woche bevor Jesus am Kreuz sterben würde, kam er wieder zum Haus der beiden Schwestern (Joh 12,1–8). Dieses Mal brachte Maria sehr teures Öl, um Jesu Füße in Anwesenheit ihres Bruders Lazarus und ihrer Schwester Marta zu salben. Judas beschwerte sich darüber und sagte, das sei eine Verschwendung von gutem Öl. Doch Jesus verteidigte Maria wieder und sagte: »Lass sie. Sie hat es als Vorbereitung für mein Begräbnis getan« (Joh 12,7 NLB). Kein Wunder, dass Jesus auch sagte: »Ich sage euch: Überall in der Welt, wo man das Evangelium verkünden wird, wird man sich auch an sie erinnern und von dem reden, was sie getan hat« (Mk 14,9 NGÜ).

Danach, an dem Morgen, an dem Jesus von den Toten auferstand, kamen einige Frauen mit wohlriechenden Ölen ans Grab, um seinen Leichnam zu salben. Doch sie kamen zu spät. Er war bereits auferstanden und nicht mehr im Grab. Siehst du, im Gegensatz zu Maria konnten sie nicht das Richtige zur richtigen Zeit tun.

Sitze einfach zu Jesu Füßen und er wird dafür sorgen, dass du zur richtigen Zeit am richtigen Ort bist.

Doch was veranlasste Maria dazu, das Richtige zur richtigen Zeit zu tun? Es lag nicht daran, dass sie klug war. Sie wusste nicht einmal, wann Jesus sterben würde. Es lag einfach daran, dass sie zu seinen Füßen gesessen hatte! Mein Freund, lerne, genau das zu tun. Lerne, Jesus wertzuschätzen. Lerne, ihn zu lieben. Lerne, seine Liebe zu genießen und seine Schönheit zu betrachten. Wähle, wie Maria, das gute Teil, das Wichtige. Sitze einfach zu Jesu Füßen und er wird dafür sorgen, dass du zur richtigen Zeit am richtigen Ort bist und dabei das Richtige tust!

Vielen Leuten mag das zu einfach erscheinen. Sie sagen, Gottes Stimme zu hören und zur richtigen Zeit am richtigen Ort zu sein, müsse komplizierter sein! Ich sage dir: Gott zu hören ist nicht schwer. Du musst keine Seminare besuchen wie »Die sieben Geheimnisse, wie man Gottes Stimme hört«, nur damit du seine Stimme hörst. Es gibt einen besseren Weg – betrachte einfach Jesus, sieh ihn an und lass dich von seiner Schönheit und seiner Gnade ergreifen!

Sanftmut und Majestät

Als ich das kürzlich tat, was Maria getan hatte – ich verbrachte Zeit mit Jesus –, erhielt ich eine weitere Offenbarung über seine Schönheit. Weißt du, er ist der einzig Vollkommene, der jemals auf der Erde lebte. Er ist der einzig vollkommene Mensch. Und dennoch sagte er in Lukas 22,42 (NGÜ): »Nicht mein Wille soll geschehen, sondern deiner.«

Mein Freund, wenn es einen gab, der seinen eigenen Willen hätte tun können, ohne Gott zu erzürnen, dann war es Jesus! Er hätte sein eigenes Ding machen können. Er hätte seinem eigenen Willen folgen können. Und dennoch entschied er sich, auf die Erde zu kommen, um den Willen seines Vaters zu tun.

Du und ich, wir sind nicht vollkommen. Wir wollen oft unser eigenes Ding machen, weil wir eigennützig sind. Der Mensch wollte schon immer werden wie Gott. Der einzige Grund, warum Adam die verbotene Frucht essen wollte, war, weil er werden wollte wie Gott. Der Mensch ist in Wirklichkeit nichts und versucht, sich selbst zu etwas zu machen. Jesus auf der anderen Seite, der in Wirklichkeit Gott im Fleisch ist, kam auf die Erde und machte sich selbst zu nichts. Er ließ sein Ansehen zurück. Er nahm die Form eines Dieners an! Kein Wunder, dass der Vater ihn liebt! Es bricht meinen Stolz, wenn ich das sehe. Wenn ich das begreife, gibt es keinen Raum mehr für Ego und Aufgeblasenheit.

Die größte Freiheit, die die Menschheit je kannte, ist auf Jesus zu schauen und seine Schönheit zu sehen. Jesus verbirgt seine Schönheit oftmals. Nicht oft, aber hin und wieder sieht man seine Schönheit aufleuchten. Wir sehen sie zum Beispiel, als er den Sturm stillte. Dort war er, im Boot, hin und her geworfen von Wind und Wellen. Er stand auf, befahl dem Sturm, still zu sein, und die Natur gehorchte ihm. Dann verbarg Gott die Schönheit und Majestät seines Sohnes wieder.

Wenn Jesus Menschen heilt, prahlt er nicht. Er heilt sie und verbirgt seine Majestät wieder. Der Teufel prahlt gerne. Menschen prahlen gerne. Aber Jesus prahlt nicht. Deswegen liebe ich ihn! Wie könnte ich seine Schönheit nicht lieben? Unter allen Menschen ist er der Einzige, der sich aussuchen kann, wo und wie er geboren werden soll. Und doch wählte der König der Könige, in einem übelriechenden Futtertrog geboren zu werden!

David – von Menschen vergessen, von Gott gefunden

Die Salbung Davids ist eine weitere schöne Geschichte, die veranschaulicht, wie sich alles andere von selbst ergibt, wenn wir einfach nur die Gegenwart und Liebe des Herrn genießen. In 1. Samuel 16, als der Prophet Samuel in das Haus von Davids Vater Isai kam, um einen neuen König für Israel zu salben, reihten sich alle sieben Brüder Davids vor dem Propheten auf. Jeder dachte, er wäre der gesalbte König, doch keiner von ihnen war es. Es war David, den der Herr bereits erwählt hatte. Als David schließlich ins Haus gerufen wurde, salbte Samuel ihn als zukünftigen König von Israel.

Wo aber war David? Er war draußen auf den Feldern und kümmerte sich um die Schafe der Familie. Warum wurde er nicht miteingeschlossen? Wahrscheinlich, weil er der missachtete Sohn war. Vielleicht bist du wie David der Missachtete in deiner Familie, weil du nicht klug bist oder nicht gut aussiehst. Aber keine Sorge, denn Gott sieht nicht so, wie die Menschen sehen. Die Menschen sehen die äußerliche Erscheinung an, aber Gott sieht das Herz an (1Sam 16,7). Verstehst du, David war ein Mann nach Gottes Herzen (Apg 13,22). Das bedeutet, er liebte den Herrn und verbrachte Zeit damit, zu seinen Füßen zu sitzen. Und weil er ein Herz für Gott hatte, erwählte Gott ihn als nächsten König.

Weißt du, was David tat, sogar nachdem Samuel David gesalbt hatte? Er ging zurück, um Schafe zu hüten! Denn dass seine Familie ihn ablehnte, zerbrach ihn nicht. Er war zufrieden damit, auf den Feldern zu sein. Er hatte nichts dagegen, dass seine Brüder den Propheten bewirteten. Seine Beförderung machte David nicht stolz. Er war immer noch ein demütiger, kleiner Hirtenjunge nach dem Herzen Gottes.

Und irgendwann wurde er gerufen. König Saul wurde von einem bösen Geist unterdrückt und nur David hatte die Salbung, die Harfe so zu spielen, dass der böse Geist den König verließ (1Sam 16,14–23). Also diente David dem König. Nachdem er seine Aufgabe erfüllt hatte, ging David wieder zurück auf die Felder! Er war kein Mensch, der nach Reichtum und Macht strebte. Was für ein demütiger Mann!

Wieder kam der Ruf. Dieses Mal sollte er auf das Schlachtfeld gehen, um seinen Brüdern Verpflegung zu bringen. Während er dort war, schlug er Goliat nieder und wurde zum Helden. Er tötete und enthauptete einen über drei Meter großen Terroristen! David stand wieder vor dem König, aber der König war so blind, dass er David nicht erkannte. Er erkannte nicht, dass es derselbe Junge war, der für ihn Harfe gespielt hatte. Doch David war nicht gekränkt, nicht einmal, als der König ihn fragte: »Wer bist du?« Denn er antwortete: »Ich bin ein Sohn deines Knechtes Isai« (1Sam 17,58). Nachdem er den Hauptfeind Israels vernichtet hatte, war dies eine sehr demütige Antwort.

Warum war David so? Warum war er demütig? Zum einen hatte David es nicht nötig, dass die Leute ihm schmeichelten oder ihm ein gutes Gefühl vermittelten. Sein Glück und seine Zufriedenheit hingen nicht von Menschen ab. Er musste nicht mit der »Prominenz« zusammen sein, um sein Ego aufzubauen. Stattdessen fand er darin Zufriedenheit, Sicherheit und Freude, den Herrn anzubeten. »Solange der Herr mit mir ist, bin ich glücklich«, muss er gesagt haben. Sein Fokus war auf den Herrn ausgerichtet.

Sorge dich nicht um Stellung oder Macht – sei einfach von der Person Jesu eingenommen.

Von David kannst du etwas lernen. Sorge dich nicht um deine Stellung, um Macht, Prestige oder Beförderung, sondern sei einfach von der Person Jesu eingenommen. Er ist der König der Könige. Vereinige die besten Eigenschaften der besten Menschen der Welt in einem einzigen Menschen und er wird der Schönheit Jesu nicht einmal nahe kommen! Jeder andere verblasst im Vergleich zu Jesus, dem vollkommenen Menschen!

Also tu, was David tat – sei vom Herrn eingenommen. Richte deine Aufmerksamkeit nur auf ihn und genieße seine Liebe, dann wird sich alles andere von selbst ergeben. Er wird dich zur richtigen Zeit an den richtigen Ort bringen. Selbst wenn dich alle vergessen haben, hat er dich nicht vergessen und wird es auch nicht tun. Der gute Hirte wird dich unter den Schafen finden und dich zum König salben. Liebst du ihn nicht auch einfach?

Kapitel 4

Gott bringt die richtigen Ereignisse zustande

Bitte Gott um Erfolg und vertraue ihm

Ist es nicht gut zu wissen, dass Gott hinter den Kulissen arbeitet, damit du zur richtigen Zeit am richtigen Ort bist? Und das tut er einfach, indem er Wünsche in dein Herz legt, an einen bestimmten Ort zu gehen oder etwas Bestimmtes zu tun, damit du am Ende gesegnet wirst.

Wenn diese »richtigen Ereignisse« geschehen, geht es gewöhnlich mehr darum, dass Gott dich mit Menschen in Kontakt bringt, als dass Gott dir Zugang zu Geld oder Produkten gibt. Wir alle hätten gerne Zugang zu Geld. Wir alle wären gerne derjenige, der das große Los zieht. Wir alle wären gern derjenige, der die eine Million Dollar gewinnt! Aber für gewöhnlich ist das nicht Gottes Art. Die Segnungen, die er in dein Leben bringt, sind in der Regel Menschen. Der Mensch vergöttert leblose Objekte wie Geld, aber Gott hat ein längerfristiges Interesse an deinem Erfolg, als du es hast! Er hat das Beste für dich im Sinn, er will dir Zugang zu echtem und bleibendem Erfolg geben, nicht nur zu einem einmaligen Lotteriegewinn.

Ich will dir anhand einer Geschichte aus dem Alten Testament zeigen, wie Gott dich durch die richtigen Ereignisse mit der richtigen Person in Verbindung bringen kann. In 1. Mose 24 hatte Abrahams Sohn Isaak das richtige Heiratsalter erreicht, also trug Abraham seinem Diener auf, eine Frau für Isaak zu finden. Der Name des Dieners wird im Text nicht genannt, aber er war ein sehr treuer Mann und der älteste Diener in Abrahams Haus. Abraham trug ihm auf: »Gehe … in meine Heimat zu meinen Verwandten und suche dort eine Frau für meinen Sohn Isaak« (1Mo 24,4 NLB).

Also ging der Diener fort und gelangte nach einiger Zeit an einen Brunnen außerhalb der Stadt Nahor. Er wollte seine Kamele mit Wasser versorgen. Aber er wusste auch, dass ein Brunnen ein guter Ort war, um geeignete junge Frauen zu finden, da alle jungen Mädchen der Stadt an den Brunnen kommen würden, um am Abend Wasser zu schöpfen. Aber welches dieser Mädchen würde die richtige Frau sein? Welches dieser Mädchen wäre das eine, das Gott für Isaak bestimmt hatte?

Diese Fragen stellte Abrahams Diener sich wahrscheinlich. Deshalb betete er: »O Herr, du Gott meines Herrn Abraham, lass es mir doch heute gelingen und erweise Gnade an meinem Herrn Abraham!« (1Mo 24,12). Der Ausdruck »lass es mir gelingen« ist das Wort *qarah* im Hebräischen. Und *qarah* bedeutet »richtiges Ereignis«. Anders ausgedrückt betete der Diener: »Gott, gib mir heute das **richtige Ereignis**!« An genau dieser Stelle kommt das Wort *qarah* zum ersten Mal in der Bibel vor. Das Wort wird auch in Prediger 9,11 (ELB) verwendet: »Zeit und Geschick trifft [qarah] sie alle.«

Das Gebet des Dieners geht in 1. Mose 24,13–14 (NLB) weiter:

> *»Ich stehe hier neben diesem Brunnen und gleich kommen die jungen Frauen der Stadt heraus, um Wasser zu holen. Ich will eine von ihnen bitten: ›Gib mir bitte etwas aus deinem Krug zu trinken!‹ Wenn sie sagt: ›Trink nur.*

Ich werde auch deinen Kamelen zu trinken geben‹ – dann weiß ich, dass es diejenige ist, die du für Isaak ausgesucht hast. Daran werde ich erkennen, dass du meinem Herrn Gutes tust.«

Indem der Diener Gott um eine Frau bat, die sowohl ihm als auch seinen Kamelen Wasser geben würde, bat er Gott um eine Frau, die bereit war, mehr zu tun, als von ihr verlangt wurde.

1. Mose 24,15–16 (NLB) fährt fort:

Noch bevor er sein Gebet beendet hatte, kam Rebekka, die Tochter von Betuël, mit einem Wasserkrug auf der Schulter zum Brunnen. Betuël war der Sohn von Abrahams Bruder Nahor und dessen Frau Milka. Rebekka war sehr schön. Sie war noch nicht verheiratet und hatte noch mit keinem Mann geschlafen. Sie stieg hinunter zum Brunnen, füllte ihren Krug und kam wieder herauf.

Manche denken, wenn sie so beten, wie der Diener betete, gibt Gott ihnen möglicherweise nicht, was sie wollen. Aber dieser Abschnitt beweist das

Gegenteil, denn Rebekka war »sehr schön«! Trotzdem suchen sich diese Menschen lieber selbst eine Frau aus. Wenn sie beten: »Gott, lass es mir gelingen!« fürchten sie, dass Gott für sie eine Frau aussucht, die alt und runzelig ist. Würde einem jungen Mann das wirklich passieren, kann ich mir gut vorstellen, wie alle seine Freunde ihn drängen und sagen würden: »Mach schon, heirate sie! Opfere dich für uns alle!«

Manche Menschen haben die Vorstellung, Gott würde uns das, was wir wollen, nicht schenken. Aber hier betet ein Mann Gottes, der Diener Abrahams, dieses Gebet: »Gott, lass es mir gelingen!« Das ist alles, worum er bat. Er nannte keine genaueren Details wie: »Sie muss schön sein. Sie muss von der Sonne gebräunt und groß sein!« Nein, er sagte nur: »Gott, lass es mir gelingen!« »Gott, gib mir *qarah*!« »Gott, gib mir das richtige Ereignis!« Und Gott gab ihm mehr als das, worum er gebeten hatte. Er gab ihm Rebekka, die sehr schön und nicht verheiratet war und die noch mit keinem Mann geschlafen hatte.

Der Diener war zur richtigen Zeit am richtigen Ort. Gott führte ihn dorthin und machte ihn mit der richtigen Frau für Isaak bekannt und beide Seiten der Familie wurden gesegnet. Später erzählt uns die Bibel, dass Isaak Rebekka liebte (1Mo 24,67). Natürlich wusste Gott im Voraus, dass beide gut füreinander sein würden!

Gott weiß am besten, wer für dich gut ist

Nun, mein Freund, ich will dir sagen, dass jeder für irgendjemanden schön ist. Das habe ich gelernt, als ich noch Jugendleiter in meiner früheren Gemeinde war. Eines Tages nahm ein neu hinzugekommenes Mädchen an unserer Jugendgruppe teil und als einer meiner Freunde sie sah, sagte er: »Meine Güte, die ist echt süß!« Aber als ich sie anschaute, war mir danach, für die Sehkraft meines Freundes zu beten! Dann sprach der Herr zu mir und sagte: »Sohn, jeder ist für irgendjemanden schön.« An diesem Tag wurde ich zurechtgewiesen.

Gott weiß, was dir gefällt,
und er weiß, wie du sein wirst.

Gott weiß, wer in deinen Augen schön ist. Also vertraue Gott, wenn du nach einem zukünftigen Mann oder einer zukünftigen Frau suchst. Gottes Herz ist freundlicher, als du es dir je vorstellen könntest. Gott liebt dich mehr, als du je verstehen wirst. Er ist an deinem Erfolg mehr interessiert, als du es bist. Gott kennt dich besser, als du dich selbst kennst. Er formte dich, als du im Leib deiner Mutter warst (Psalm 139,13–14). Gott weiß, was dir jetzt gefällt, und noch besser, er weiß, wie du in fünf Jahren sein wirst! Wenn Gott dir also deinen zukünftigen Mann oder deine zukünftige Frau vorstellt, beurteile ihn oder sie nicht nach dem, was andere sagen, sondern vertraue einfach Gottes Güte.

Ist dir schon einmal aufgefallen, dass die Frauen, die Gott Abraham, Isaak, Jakob, Josef und anderen Männern Gottes schenkte, in der Bibel jedes Mal als schön beschrieben werden? Ihre Schönheit ist in der Bibel festgehalten. Und immer wenn diese Männer Gottes ihre Bräute zum ersten Mal erblickten, verliebten sie sich sofort in sie. Für die Männer waren die Frauen, die Gott für sie vorgesehen hatte, schön.

In Gnade zu leben bringt die richtigen Ereignisse

Ein weiteres Beispiel richtiger Ereignisse in der Bibel finden wir in der Geschichte von Rut. Interessanterweise landete Rut im Stammbaum Jesu, obwohl sie keine Jüdin war (Mt 1,5)! Rut war Moabiterin. Wie kam es dann, dass sie in Jesu Stammbaum gelangte? Sie heiratete einen Mann namens Boas.

Ruts Geschichte ist eine wunderschöne Geschichte über Gottes Gnade, die trotz des Gesetzes sichtbar wurde. In dieser Geschichte wirst du entdecken, dass Ruts Mann gestorben war, also wandte sie sich von ihren Göttern ab und folgte Noomi, ihrer jüdischen Schwiegermutter, zurück ins Land Israel.

Nun waren beide sehr arm, als sie nach Israel gingen. Also dachte Rut, sie könnte auf den Feldern etwas Geld als Ährenleserin verdienen. Ich will dir erklären, was ein Ährenleser tat. Ein Ährenleser folgte einem Schnitter auf dem Feld. Der Schnitter hatte im Vergleich zum Ährenleser die bessere Arbeit. Denn der Schnitter schnitt den Weizen und die Gerste, während der Ährenleser dem Schnitter folgte und auflas oder ausriss, was der Schnitter ausgelassen oder verloren hatte.

In Rut 2,1 (NLB) steht, dass es in Bethlehem einen Mann namens Boas gab, einen Verwandten von Noomis Ehemann, aus der Sippe Elimelechs. Boas war auch ein *»wohlhabender und angesehener Mann«* und Junggeselle.

Rut 2,2 fährt fort:

Rut aber, die Moabiterin, sprach zu Noomi: Lass mich doch aufs Feld hinausgehen und Ähren auflesen bei dem, in dessen Augen ich Gnade finde! Da sprach sie zu ihr: Geh hin, meine Tochter!

Beachte, dass Rut große Zuversicht auf Gott setzte. Sie sagte zu Noomi, sie würde auf das Feld gehen und Gnade (das bedeutet, unverdiente Gunst) finden. Sie wusste nicht einmal, auf welchem Feld sie letztendlich sein würde. Noomi antwortete: »Geh hin, meine Tochter!« Als Rut draußen auf den Feldern die Ähren auflas, kam sie zu einem Teil des Feldes, der Boas, dem wohlhabenden Junggesellen, gehörte. Damals waren die Felder riesig und gehörten verschiedenen Leuten.

In Rut 2,3 steht: »Und so ging sie hin, kam und las Ähren auf dem Feld hinter den Schnittern her.

Es *traf* sich aber, dass jenes Stück Feld dem Boas gehörte, der aus dem Geschlecht Elimelechs war.« Das hebräische Wort für »treffen« ist auch hier *qarah*, dessen Bedeutung wir bereits als »richtiges Ereignis« kennengelernt haben. Das bedeutet, dass Rut zur richtigen Zeit am richtigen Ort war! Denn es *traf* sich, dass Rut auf dem Abschnitt des Feldes war, der Boas gehörte. Und so *traf* es sich, dass Boas zur richtigen Zeit vorbeikam und sich in Rut verliebte. Der Rest ist Geschichte!

Vielleicht sagen nun einige von euch zu mir: *»Pastor Prince, ich mache mir gerade mehr Sorgen um meine finanzielle Situation.«* Nun, Rut war für den Rest ihres Lebens finanziell abgesichert! Dieses arme, verwitwete, moabitische Mädchen? Genau sie heiratete einen der reichsten Männer in Bethlehem!

Heiliger-Geist-Connections

Ein Bruder aus dem Vereinigten Königreich schrieb uns und erzählte, wie er Gottes Gnade erlebte, nachdem er angefangen hatte, meine Predigten zu hören. Zu seiner großen Verwunderung und Freude wurde ihm eine »traumhafte Stelle« bei einem Öl- und Gasunternehmen angeboten, ohne dass er überhaupt zu einem Vorstellungsgespräch hatte gehen müssen.

Den Mann, der ihm die Stelle anbot, hatte er bei einer Konferenz getroffen. Er sagte: »Wie ich ihn traf, war wirklich ein Wunder. Ich ging gerade zum Konferenzzentrum, als er auf mich zukam, um nach dem Weg zu fragen. Wir gingen zusammen zum Konferenzzentrum und unterhielten uns auf dem Weg. Später fragte dieser Mann, den ich gerade erst kennengelernt hatte, ob er mir bei etwas helfen könne, und innerhalb weniger Wochen, wurde mir diese Stelle angeboten. Und das nicht wegen meiner Qualifikation, sondern ausschließlich durch Gottes unverdiente Gunst!«

In der Tat, Gottes unverdiente Gunst brachte diesen Bruder zur richtigen Zeit an den richtigen Ort. Er erlebte eine Heiliger-Geist-Connection.

Gott kann dich mit Menschen in Verbindung bringen. Im Laufe der letzten Jahre haben so viele Menschen zu mir gesagt: *»Pastor Prince, letzte Woche stieß ich zufällig auf einen alten Klassenkameraden.«* Ich kann gar nicht mehr zählen, wie viele Menschen mir diese Geschichte erzählt haben. Es ist überall passiert. Und sie sagten mir auch: *»Ich fand heraus, dass er in einer finanziellen Krise steckte. Ich* *lud ihn in die Gemeinde ein und jetzt sind er und seine ganze Familie gerettet.«*

Darf ich dich etwas fragen: Glaubst du wirklich, dass sie ihre alten Klassenkameraden nur zufällig getroffen haben? Und das genau dann, als ihre Klassenkameraden in einer finanziellen Krise waren! Nein, mein Freund, das waren göttliche Arrangements, keine Zufälle. Gott stellte diese Christen zur richtigen Zeit an den richtigen Ort, um diesen Menschen zu helfen.

Gottes Augen durchstreifen die ganze Erde und suchen nach Gelegenheiten, sein Volk zu segnen.

Gott kann dich zur richtigen Zeit an den richtigen Ort stellen. Seine Augen durchstreifen die ganze Erde und suchen nach Gelegenheiten, sein Volk zu segnen, sie suchen nach Gelegenheiten, göttliche Treffen zu arrangieren (2Chr 16,9). Er weiß, was du brauchst. Er kennt die Gaben und Talente, die er in dich hineingelegt hat. Er weiß, welche Arbeit dich zufriedenstellen wird.

Gott kann dich zur richtigen Zeit an den richtigen Ort stellen, wenn du dich einfach demütigst und zu ihm sagst: »Ich brauche dich, Gott! Ich brauche es, dass du Teil meines Lebens bist!« Wenn du deine eigene Lebens-Show leiten willst, kann es gut sein, dass er dich Star sein lässt. Aber dann wirst du der Einzige sein, der sich diese Show ansieht. Auf der anderen Seite wird dein Leben wunderschön, wenn du es Gott überlässt, die Dinge einzufädeln, weil er dich immer zur richtigen Zeit an den richtigen Ort stellt!

Erwarte göttliche Terminplanung

Zur richtigen Zeit am richtigen Ort zu sein ist etwas, das wir nicht länger auf die leichte Schulter nehmen dürfen. Da terroristische Aktivitäten zunehmen sowie Naturkatastrophen augenscheinlich ansteigen, ist es ratsam für uns, ihm zu vertrauen, dass er uns zur richtigen Zeit an den richtigen Ort stellt.

Der Teufel will uns Angst machen. Er weiß, dass er unseren Körper und unsere Umstände nicht angreifen kann, wenn wir nicht voller Sorgen und Befürchtungen sind. Doch wir brauchen uns nicht zu fürchten. Wir dürfen den Frieden Gottes haben, weil wir den Gott allen Friedens kennen. Und er hat uns seinen Heiligen Geist gegeben, der uns führt und leitet. Er führt uns ganz einfach, indem er uns seine Wünsche gibt. Das macht es uns so leicht, ihm zu folgen. Und weil wir seine Schafe sind, werden wir seine Stimme hören.

Außerdem hat uns Jesus, das Aleph und Taw, garantiert, dass Unglück, Krankheit und finanzielle Schulden nicht das letzte Wort in unserem Leben haben werden. Stattdessen hat er das erste und letzte Wort, weil er das Alpha und Omega ist, der Anfang und das Ende, der Erste und der Letzte!

Mein Freund, rechne damit, Tragödien und Unglücken zu entkommen. Erwarte, diesen millionenschweren Vertrag abzuschließen. Rechne damit, deinen Lebenspartner zu treffen. Erwarte, zufällig einem Freund zu begegnen und ihn zum Herrn zu führen – all das, weil du erwarten darfst, dass Gott dich zur richtigen Zeit an den richtigen Ort stellt!

Bibelstellen

Gebet für deine Errettung

Wenn du alles empfangen willst, was Jesus für dich getan hat, und ihn zu deinem Herrn und Retter machen möchtest, sprich bitte folgendes Gebet:

Herr Jesus, danke, dass du mich liebst und für mich am Kreuz gestorben bist. Dein kostbares Blut wäscht mich rein von jeder Sünde. Du bist mein Herr und Retter, jetzt und in Ewigkeit. Ich glaube, dass du von den Toten auferstanden bist und lebst. Durch dein vollbrachtes Werk bin ich nun ein geliebtes Kind Gottes und mein Zuhause ist der Himmel. Danke, dass du mir das ewige Leben schenkst und mein Herz mit deinem Frieden und deiner Freude erfüllst. Amen.

Wir würden uns freuen, von dir zu hören

Wenn du das Gebet für deine Errettung gebetet hast oder uns nach dem Lesen dieses Buches gern dein Zeugnis erzählen möchtest, schreib uns:

www.JosephPrince.de/Zeugnis

Bleib mit Joseph in Kontakt

Über die folgenden Social-Media-Kanäle kannst du mit Joseph in Kontakt bleiben und täglich inspirierende Impulse (in englischer Sprache) erhalten:

Facebook.com/JosephPrince
Twitter.com/JosephPrince
Youtube.com/@JosephPrince
Instagram: @JosephPrince

Kostenlose tägliche E-Mail-Andachten

Trage dich unter **JosephPrince.de/Andachten** in den Verteiler für Josephs kostenlose E-Mail-Andachten ein und erhalte jeden Tag kurze Botschaften, die dir helfen, in der Gnade zu wachsen.

Weitere Bücher von Joseph Prince

Mehr Informationen zu seinen Büchern und anderem inspirierenden Material findest du auf:

www.JosephPrince.de und **www.gracetoday.de**

Leseprobe: Zur Herrschaft bestimmt

Vorwort

Alles begann 1997, als ich mit meiner Frau Wendy Urlaub machte. Sie schlief auf dem Beifahrersitz und ich hörte ihren leisen Atem neben mir, während ich durch die beeindruckende Landschaft der Schweizer Alpen fuhr. Dann hörte ich deutlich die Stimme des Herrn in mir. Es war kein Zeugnis des Geistes. Es war eine Stimme, und ich hörte, wie Gott klar zu mir sagte: »Sohn, du predigst keine Gnade.«

Ich sagte: »Was meinst du, Herr? Das ist ein Tiefschlag. Das ist echt ein Tiefschlag!« Ich fügte hinzu: »Ich bin ein Prediger der Gnade. Schon jahrelang bin ich ein Gnadenprediger und wie die meisten Prediger verkündige ich, dass wir durch Gnade errettet sind!« Er antwortete: »Nein. Jedes Mal, wenn du Gnade predigst, vermischst du sie mit dem Gesetz. Du versuchst, wie viele andere Prediger, Gnade mit dem Gesetz auszubalancieren. In diesem

Moment machst du die Gnade zunichte. Du kannst neuen Wein nicht in alte Weinschläuche füllen. Du kannst Gnade und Gesetz nicht zusammentun.« Er fuhr fort: »Sohn, viele Prediger predigen Gnade nicht so, wie der Apostel Paulus sie gepredigt hat.« Dann kam er mit Nachdruck zum Ende mit der folgenden Aussage, die meinen Dienst revolutionierte: »Wenn du Gnade nicht radikal predigst, werden Menschenleben niemals radikal gesegnet und radikal verändert werden.«

Dieses kraftvolle Wort vom Herrn rüttelte mich auf, und ich erkannte zum ersten Mal, dass ich tatsächlich eine Botschaft der Gnade gepredigt hatte, die durch das Gesetz abgeschwächt war. Ich kehrte mit einem gewichtigen Auftrag vom Herrn zu meiner Gemeinde zurück und fing an, Gnade radikal zu predigen.

Zu dieser Zeit hatte unsere Gemeinde sich auf ungefähr 2000 Mitglieder eingependelt. Bald nach meiner Begegnung mit dem Herrn in den Schweizer Alpen erlebten wir jedoch Jahr für Jahr ein explosives Gemeindewachstum, und durch die Gnade unseres Herrn nahmen am ersten Sonntag des Jahres 2007 15.000 Menschen an unseren Gottesdiensten teil. Der Herr hat sein Wort nicht nur durch unsere wachsende Gemeinde bestätigt, sondern auch durch die eindrucksvolle Veränderung tausender kostbarer Leben, die der radikalen Verkündigung von Gnade ausgesetzt waren. Über die Jahre hatte ich das Vorrecht, miterleben zu dürfen, wie Ehen wiederhergestellt und Schulden übernatürlich getilgt wurden. Ich habe Wunderheilungen erlebt und mit Freude gesehen, wie Gottes Kinder von zerstörerischen Süchten befreit wurden.

In den vergangenen Jahren hat der Herr mir auch Türen nach Norwegen, Holland, London, Kanada, Australien, Thailand und Indonesien geöffnet, um das Evangelium der Gnade dort zu verkündigen. Wir haben außerdem damit angefangen, unsere Sendungen in Amerika, Kanada, Australien und Uganda auszustrahlen. Die Reaktion auf das, was ich die Revolution des Gnaden-Evangeliums nenne, ist gewaltig. Ich habe ein Zeugnis nach dem anderen davon erhalten, wie Menschen von der Knechtschaft des Gesetzes freigesetzt wurden und heute die Wahrheiten und Verheißungen des neuen Bundes ausleben und genießen, die Jesus mit seinem eigenen Blut erworben hat.

Du kannst dir vorstellen, wie mir dieses Buch schon viele Jahre auf dem Herzen brannte. Wenn es *ein* Buch gibt, das ich auf dieser Seite des Himmels schreiben will, wäre es dieses, und ich bin so froh, dass du es jetzt in deinen Händen hältst. Ich glaube, dass dich dieses Buch berühren und verändern wird. Was der Herr mir vor etwa zehn Jahren sagte – dass Leben ohne die radikale Verkündigung von Gnade niemals radikal gesegnet und radikal verändert werden –, hallt immer noch durchdringend in meinem Herzen wider. Deshalb geht es in diesem Buch darum, radikal durch seine Gnade verändert zu werden, und durch seine Gnade allein.

In diesem Buch wirst du das Geheimnis entdecken, wie man auf Gottes Weise ohne Anstrengung im Leben herrscht! Die Menschen haben viele Strategien, Methoden, Techniken und Taktiken entwickelt, um persönlich erfolgreich zu sein. Schau nur mal in die Buchläden heute. Vielleicht stehst du sogar in diesem Moment in einem. Wenn das so ist, nimm dir etwas Zeit und sieh dich um. Was siehst du? Du wirst wahrscheinlich eine große Auswahl von Selbsthilfebüchern finden. Ich möchte dir verkünden, dass es eine bessere Möglichkeit gibt, als dich auf deine eigenen Anstrengungen zu verlassen, um im Leben erfolgreich zu sein. Die Bibel sagt in Psalm 1: »Glückselig ist der, der *nicht* wandelt nach dem Rat der Gottlosen.« Deshalb gibt es eine bessere Möglichkeit für Gläubige, auch wenn es »Rat« in »gottlosen« Quellen gibt! Warum sollten wir uns auf Selbsthilfe verlassen, wenn wir direkten Zugang zu Gottes Hilfe haben? Der Name Jesus bedeutet auf Hebräisch (*Jeschua*) einfach Retter. Lass uns zu ihm um Rettung rufen, anstatt uns auf unsere eigenen Fähigkeiten, uns selbst zu retten, zu verlassen.

Leider gibt es heute Gläubige, die nicht zu ihrem Retter rufen, weil sie der *Lüge* glauben, dass sie kein Recht dazu haben. Es gibt Gläubige, die denken, dass ihre Fehler sie disqualifiziert haben, zu ihrem Gott zu rufen. Einige glauben vielleicht sogar, dass sie die Hilfe des Herrn nicht verdienen, weil sie die Gemeinde nicht regelmäßig besucht, die Bibel nicht ausgiebig genug gelesen oder zu wenig gebetet haben. Mein Freund, wenn du am Ertrinken bist, brauchst du keinen Lehrer, der dich die richtigen Schritte zum Schwimmen lehrt, damit du dich selbst retten kannst. Du brauchst keine Liste von Verhaltensregeln. Du brauchst einen Retter, der bereit ist, sich furchtlos ins Wasser zu stürzen – ungeachtet dessen, was du weißt oder nicht weißt, was du getan oder nicht getan hast! Du kannst dir sein Verlangen, dich zu retten, nicht durch deine eigenen Werke verdienen. Es geschieht durch seine Gnade!

Lasst uns endlich anerkennen, dass wir es in und aus uns heraus nicht können und weder die Fähigkeiten noch die Mittel haben, uns selbst zu retten. Wir waren so verschuldet, dass wir diese Schuld nicht bezahlen konnten – aber Jesus bezahlte am Kreuz mit seinem eigenen Leben eine Schuld, die er nicht geschuldet hat. Es ist ganz und gar seine Anstrengung und sein Werk. An uns liegt es, ihm zu glauben und alles zu empfangen, was er zu unseren Gunsten erlangt hat. Klingt das lächerlich einfach, einseitig und unfair? Nun, mein Freund, genau das ist es, was Gnade zu Gnade macht! Gnade ist nur dann Gnade, wenn sie unverdient, nicht erarbeitet und nicht durch Eigenleistung erworben ist.

Bist du bereit, von seiner Gnade unbeschreiblich gesegnet und verändert zu werden und deine eigenen Anstrengungen aufzugeben, um Erfolg, Erfüllung und ein siegreiches Leben zu haben? Ich glaube, dass dein Leben nie mehr dasselbe sein wird, wenn du dich auf diese Reise begibst, seine radikale Gnade zu entdecken. Mein Freund, du bist zur Herrschaft bestimmt!

Kapitel 1

Zur Herrschaft bestimmt

Du bist dazu bestimmt, im Leben zu herrschen.

Du bist vom Herrn dazu berufen, erfolgreich zu sein, dich an Wohlstand, Gesundheit und an einem Leben im Sieg zu erfreuen.

Es ist nicht der Wunsch des Herrn, dass du ein Leben der Niederlage, Armut und des Versagens führst.

Er hat dich dazu berufen, der Kopf und nicht der Schwanz zu sein.

Wenn du ein Geschäftsmann bist, will Gott, dass du ein erfolgreiches Unternehmen führst. Bist du Hausfrau, dann bist du gesalbt, wunderbare Kinder im Herrn aufzuziehen. Wenn du Schüler oder Student bist, will Gott, dass du in all deinen Prüfungen exzellente Noten bekommst. Und wenn du dem Herrn vertraust, dass er dir neue berufliche Möglichkeiten schenkt, will er nicht bloß, dass du einen Job hast. Er will vielmehr, dass du eine einflussreiche Position bekommst, damit du ein Segen und ein Gewinn für deinen Betrieb bist!

Was auch immer dein Beruf bzw. deine Berufung ist, du bist dazu bestimmt, im Leben zu herrschen, weil Jesus der Herr deines Lebens ist! Wenn du im Leben herrschst, dann herrschst du über Sünde. Du herrschst über die Mächte der Finsternis, du herrschst über Depression, über Armut, über jeden Fluch und über jede Krankheit und jedes Leiden. Du HERRSCHST über den Teufel und all seine Kniffe und Tricks!

Die Kraft zum Herrschen hängt nicht von deinem Familienhintergrund ab, davon, wie gebildet du bist, wie du aussiehst oder wie viel Geld du auf dem Bankkonto hast. Die Kraft zum Herrschen gründet sich voll und ganz auf Jesus und auf ihn allein. Mein Freund, das ist kein Klischee aus irgendeinem Selbsthilfebuch über positives Denken. Der Erklärung, dass du herrschen wirst, liegt eine Verheißung zugrunde, die für alle Ewigkeit im Wort Gottes festgehalten worden ist:

Denn wenn infolge der Übertretung des Einen der Tod zur Herrschaft kam durch den Einen, wie viel mehr werden die, welche ***den***

Überfluss der Gnade *und das* ***Geschenk der Gerechtigkeit empfangen, im Leben herrschen*** *durch den Einen, Jesus Christus!*
— Römer 5,17

Das Wort »herrschen«, das in Römer 5,17 verwendet wird, ist das griechische *basileuō*, von dem das deutsche Wort »Basilika« stammt. Eine Basilika war im alten Rom ein Gerichtshof. Es geht also um eine königliche, richterliche Herrschaft. Mit anderen Worten: Herrschen bedeutet hier, *im Leben als ein König zu herrschen*, königliche Herrschaft zu haben und königliche Autorität zu besitzen.

Wenn du ein Leben der Niederlage lebst, in dem du von Sünde, von ständiger Schuld und Verdammnis, von Krankheiten, von Panikattacken, von finanziellem Mangel und von zerbrochenen Beziehungen in die Knie gezwungen wirst, lebst du nicht das Leben, das Gott für dich vorgesehen hat. Auf Grundlage der Autorität von Gottes Wort bist du dazu berufen, als ein König »im Leben zu herrschen«, königliche Herrschaft über all deine Herausforderungen und Umstände zu haben. Du bist berufen, *über* ihnen zu stehen und nicht von ihnen zertrampelt zu werden. Die Zeit ist gekommen, dass du nicht länger auf dein Recht verzichtest, im Leben zu herrschen!

Anstatt uns selbst im Leben herrschen zu sehen, sehen wir heutzutage mehr Anzeichen dafür, dass der Tod in der Welt herrscht. Die Bibel sagt uns, dass wegen »der Übertretung des Einen« – Adams Sünde im Garten Eden – der Tod anfing zu herrschen. Es ist wichtig, zu erkennen, dass unser Leben in das Leben unserer Vorfahren eingebettet ist. Du würdest nicht existieren, wenn es deinen Opa nicht gegeben hätte. So sind wir nicht deshalb Sünder, weil *wir* sündigen, sondern wegen *Adams* Sünde. Viele Gläubige denken immer noch, dass sie zu Sündern wurden, weil sie selbst Sünde begangen haben. Aber das ist nicht, was Gottes Wort sagt. Dort steht vielmehr, dass wir aufgrund der Sünde Adams Sünder sind. Ebenso sind wir im neuen Bund gerecht gemacht – nicht, weil wir gerechte Taten vollbringen, sondern wegen des Gehorsams des Einen (Jesus) am Kreuz. Das Geheimnis, im Leben zu herrschen, liegt deshalb darin, alles zu empfangen, was Jesus für uns am Kreuz vollbracht hat.

Empfangen oder erarbeiten?

Die Bibel erklärt sehr deutlich, dass wir im Leben durch Jesus Christus herrschen sollen, indem wir einfach zwei Dinge von ihm *empfangen*: den Überfluss der Gnade und das Geschenk der Gerechtigkeit. Die Wege Gottes stehen im Gegensatz zu den Wegen der Menschen. Der Mensch denkt, dass er sich Gottes Gunst und Segnungen verdienen, erarbeiten und sich ihrer würdig erweisen muss, damit Gott ihn segnet. Der Mensch denkt, der Segen Gottes gründe sich auf seine eigenen Leistungen und guten Werke.

Dies entspricht aber nicht dem Weg Gottes. Bei ihm geht es nicht darum, etwas zu leisten, sondern zu empfangen. Er hat versprochen, dass wir im Leben herrschen werden, wenn wir den Überfluss der Gnade und das Geschenk der Gerechtigkeit *empfangen*. Er sagte nicht, dass wir im Leben herrschen werden, wenn wir uns Gnade und unsere eigene Gerechtigkeit *erarbeiten*. Doch aus irgendeinem Grund leben viele Christen weiterhin nach dem Leistungsprinzip!

»Pastor Prince, wenn es wirklich so einfach ist, warum herrschen dann nicht mehr Christen im Leben?«

Ich bin froh, dass du diese Frage gestellt hast. Um sie zu beantworten, lass mich dir zuerst eine eigene

Frage stellen: Ist dir bewusst, dass die meisten Menschen glauben, man müsse sich im Leben Erfolg hart *erarbeiten*? Das weltliche Erfolgssystem stützt sich auf zwei Säulen: Anstrengung und Fleiß. Es gibt immer irgendwelche »Gesetze«, die du einhalten musst, und einige »Methoden und Techniken«, die du beharrlich anwenden musst, bevor irgendwelche Ergebnisse sichtbar werden können. Und jedes Resultat, das du erreichst, verblasst meist schnell wieder, wenn du aufhörst, dich an die vorgeschriebenen Methoden und Schritte zu halten.

Wir haben gelernt, uns auf Leistung und Tun zu konzentrieren und uns auf unsere eigenen Anstrengungen zu verlassen. Wir sind getrieben zu »tun, tun, tun« und vergessen dabei, dass Christsein eigentlich bedeutet: »getan, getan, getan«. Die Welt erzählt dir, je mehr du tust, je härter du arbeitest und je mehr Stunden du investierst, umso mehr Erfolg wirst du haben. Die Welt liegt dir gern in den Ohren damit, dass du härter arbeiten, den Gottesdienstbesuch am Sonntag vergessen, weniger Zeit mit deiner Frau und deinen Kindern und mehr Zeit in deinem Büro verbringen solltest, um die Nächte, Wochenenden und Feiertage durchzuarbeiten. Ich bin mir sicher, du hast schon gehört, dass du »den Preis bezahlen«

musst. Immerhin gilt doch »Ohne Fleiß kein Preis«, nicht wahr?

Was die Gläubigen nun tun: Sie übernehmen das System der Welt und wenden es auf ihr christliches Leben an. Anstatt sich auf die Gnade Gottes zu verlassen, durch die er seine Gunst und seine Segnungen fließen lässt, verlassen sie sich auf ihre eigenen Anstrengungen und versuchen, sich Gottes Gunst und Segnungen zu verdienen.

Aber es ist nicht der Weg Gottes, dass wir durch unsere eigenen Anstrengungen gesegnet werden. Du kannst dir Gottes Segnungen nicht durch deine Leistung erwerben. Gottes Segnungen beruhen ganz und gar auf seiner Gnade. Seine Segnungen über deinem Leben müssen völlig unverdient sein. Anders gesagt: Es gibt nichts, was du tun kannst, um seine Segnungen zu verdienen, denn sie beruhen gänzlich darauf, *Jesus zu empfangen,* und durch sein vollbrachtes Werk den Überfluss der Gnade und das Geschenk der Gerechtigkeit zu erhalten.

Gott möchte, dass wir mit unseren Versuchen aufhören, selbst etwas zu leisten und stattdessen anfangen, die Gunst, die Segnungen und die Heilung, die Jesus am Kreuz erwirkt hat, zu empfangen. Als er vor ungefähr 2000 Jahren am Kreuz hing, rief er mit lauter Stimme: »*Es ist vollbracht!*« (Joh 19,30). Alles, was du und ich benötigen, um im Leben zu herrschen, wurde an unserer Stelle auf Golgatha vollbracht. Das ist der Grund, warum wir das, was Jesus am Kreuz getan hat, sein »*vollbrachtes Werk*« nennen! Er hat es vollbracht. Er hat es vollendet. Es ist GETAN! Das Einzige, was funktioniert, ist das vollbrachte Werk! Hör auf zu tun, was schon GETAN ist! Hör auf mit dem Tun und fang an zu empfangen, was Jesus GETAN hat!

Das Werk ist getan, setz dich

Kürzlich verbrachte ich einige Zeit mit meinem lieben Freund Brian Houston und er erzählte mir, dass sein Hauptärgernis, was Lobpreislieder angeht, Lieder sind, die um etwas betteln, was Jesus für uns am Kreuz schon längst getan hat. Ich bin vollkommen einer Meinung mit Brian und ich denke, wir alle sind uns einig, dass Brian jemand ist, der weiß, wovon er spricht, wenn es um Lobpreislieder geht. Brian ist der Senior Pastor der Hillsong Church und Gott hat diese Gemeinde wirklich gesalbt, wunderschöne Lob- und Anbetungslieder zu schreiben, die Auswirkungen auf eine ganze neue Generation von Anbetern in diesen letzten Tagen haben. Viele meiner Lieblingslobpreislieder sind in der Tat von Hillsong. In meinen eigenen stillen Momenten vor dem Herrn, wenn ich ihm dafür danke, dass er den vollen Preis für meine Sünden, Krankheiten und Armut am Kreuz bezahlt hat, fließt mein Herz vor Dankbarkeit über, und ich bete ihn an:

Du bist prachtvoll, ewig,
Wunderbar, herrlich
Jesus
Niemand ist dir gleich
Jesus

Oh, wie ich es liebe, wenn der Herr antwortet und mein ganzes Arbeitszimmer mit seiner spürbaren Gegenwart erfüllt und mein Herz in der Gegenwart meines Geliebten zu brennen beginnt! Ich erinnere meine Gemeinde daran, dass wir nicht immer seine spürbare Gegenwart fühlen müssen, denn das ist nicht, woraus wir heute leben. Aber *wenn* du seine Gegenwart fühlst, besonders während Zeiten tiefen, innigen Lobpreises, dann genieße ihn, koste seine Liebe aus und erlaube ihr, über dich zu strömen! Genieße die Zeiten in seiner Gegenwart, wenn er dich erfrischt, wiederherstellt und heilt. Du musst nicht bis zum Sonntag warten, um den Herrn anzubeten. Du brauchst keine fünfköpfige Band und einen Lobpreisleiter, um deinen Retter anzubeten. Genau da, wo du bist, ohne Instrumente, kannst du deine Hände, deine Stimme und dein Herz erheben und ihn anbeten und ihm für sein vollbrachtes Werk und seine Gnade in deinem Leben danken.

Halleluja! Er ist so wunderschön!

Ich liebe Anbetungslieder, die voll von der Person Jesu und seinem vollbrachten Werk sind. In meiner Gemeinde habe ich meinem Musikleiter aufgetragen, dafür zu sorgen, dass die Lieder, die wir in unseren Gottesdiensten verwenden, Lieder sind, die vom vollbrachten Werk Jesu zeugen. Unter dem neuen Bund müssen wir zum Beispiel in unseren Liedern den Herrn nicht weiterhin um Vergebung bitten, da *er uns schon vergeben hat* (Kol 2,13). Ich möchte, dass du das laut mit mir sagst:

»Mir wurde bereits vergeben!«

Jesu Blut hat uns ein für alle Mal gereinigt.

Das Wort Gottes verkündet Folgendes über das vollbrachte Werk Jesu am Kreuz:

Er aber hat sich, nachdem er ***ein einziges Opfer*** *für die Sünden dargebracht hat, das* ***für immer*** *gilt, zur Rechten Gottes* ***gesetzt*** *... Denn mit einem einzigen Opfer hat er die* ***für immer vollendet****, welche geheiligt werden.*
— Hebräer 10,12–14

Das Werk, das Jesus am Kreuz vollbrachte, war ein Opfer, das FÜR IMMER gilt, und als du Jesus Christus in dein Leben aufgenommen hast, wurdest du FÜR IMMER VOLLKOMMEN GEMACHT! Und wie lang ist für immer? Ich habe das griechische Wort für »für immer« in diesem Vers nachgeschlagen und weißt du was? »Für immer« bedeutet für immer! Du bist für immer vollkommen gemacht durch das reinigende Blut Jesu; nicht durch das Blut von Tieropfern, das *niemals* Sünden wegnehmen kann!

Vielleicht überrascht es dich, dass es auch heute noch viele Christen gibt, die nicht glauben, dass sie für immer durch das vollbrachte Werk von Jesus Christus vollkommen gemacht worden sind. Sie verlassen sich immer noch auf ihre eigenen Anstrengungen, um sich zu qualifizieren. Vielleicht fragst du dich sogar selbst: »Wie kann ich ganz sicher sein, dass alle meine Sünden bereits vergeben worden sind?« Gute Frage! Beachte, dass Jesus sich »gesetzt hat«, nachdem er sein Leben als Opfer und Bezahlung für alle unsere Sünden gegeben hatte!

Er setzte sich zur Rechten des Vaters. Begreifst du, dass unter dem alten Bund jeder Priester *»Tag für Tag da[steht]* und seinen Dienst [versieht] und oftmals die gleichen Opfer dar[bringt], die doch *niemals die Sünden wegnehmen* können« (Hebr 10,11 LUT)? Aber die Bibel sagt weiter, dass Jesus sich, »nachdem er ein einziges Opfer für die Sünden dargebracht hat, *gesetzt [hat]*«.

Jesus setzte sich, um zu demonstrieren, dass sein Werk tatsächlich vollendet ist. Unter dem alten Bund setzte sich der Priester, der in der Stiftshütte des Moses diente, niemals hin, sondern »stand Tag für Tag und versah seinen Dienst«, weil seine Arbeit nie zu Ende war. Das Blut von Stieren und Ziegen konnte »niemals die Sünden wegnehmen«. Ist dir eigentlich schon aufgefallen, dass sich im Heiligen der Stiftshütte kein einziges Möbelstück befand, auf das der Priester sich hätte setzen können? Du wirst keinen einzigen Stuhl im Heiligen finden. Du wirst den Räucheraltar finden, die Menora, sogar einen Tisch mit Schaubroten, aber interessanterweise gibt es keine Stühle. Das liegt daran, dass das Werk des

Priesters *niemals zu Ende ging.* Nur Jesu Werk ist ein *vollendetes Werk.* Aber Jesus hat sich nicht nur zur Rechten des Vaters gesetzt, sondern er hat es sogar geschafft, dass wir MIT IHM SITZEN!

> *Gott aber, der reich ist an Barmherzigkeit, hat um seiner vielen Liebe willen, womit er uns geliebt hat, auch uns, die wir in den Vergehungen tot waren, mit dem Christus lebendig gemacht … Er hat uns mitauferweckt und* ***mitsitzen*** *lassen in der Himmelswelt in Christus Jesus. — Epheser 2,4–6*

Vielleicht fragst du dich: »Was soll das alles mit den ›Stühlen‹ und dem ›sich setzen‹?« Nun, mein Freund, in der Bibel steht »sich setzen« für den Gläubigen, der in dem vollbrachten und vollendeten Werk Jesu ruht. Jesus hat das ganze Werk an unserer Stelle am Kreuz vollbracht und sitzt jetzt zur rechten Hand Gottes. Weil alles für dich vollbracht wurde, bedeutet das, dass du jetzt damit aufhören kannst, dich auf deine eigenen Anstrengungen zu verlassen, Gottes Segnungen in deinem Leben zu verdienen und dich für sie zu qualifizieren. Du kannst dich mit Jesus zur rechten Hand des Vaters setzen!

Hör aber jetzt genau hin, was ich sage. Ich vertrete kein Leben der Passivität und Faulheit. Du kannst Kurse besuchen, Bücher lesen, deine Arbeit gewissenhaft erledigen und so weiter. Aber du darfst dein Vertrauen nicht auf diese Dinge setzen. Du musst es auf das setzen, was Jesus für dich getan hat. Wenn du zum Beispiel Schüler bist, dann setze dich hin und lerne. Schreibe zur Ehre Gottes gute Noten! Aber vertraue nicht darauf, dass deine Intelligenz oder deine Auszeichnungen dir die Segnungen Gottes bringen.

Gottes Gnade macht dich nicht faul oder unproduktiv. Im Gegenteil, sie bringt dich dazu, mehr zu seiner Ehre zu arbeiten. Der Apostel Paulus, ein Verkündiger der Gnade Gottes und des vollbrachten Werkes Jesu, sagte, dass er »viel mehr gearbeitet [hat] als sie alle« (1Kor 15,10). Gottes Methode im neuen Bund besteht darin, dich zuerst zu segnen, und das Wissen um seinen Segen schenkt dir dann die Kraft, mehr zu arbeiten. Mit anderen Worten: Wir arbeiten nicht, um gesegnet zu werden, sondern haben vielmehr die Kraft und Fähigkeit zu arbeiten, weil *wir schon gesegnet sind*. Kannst du sehen, wie anders die Voraussetzung für das Arbeiten im neuen Bund ist?

Viele Gläubige scheitern heute, weil sie sich abmühen, Gottes Segnungen durch ihre eigene Leistung zu verdienen. Eigene Anstrengungen hindern dich jedoch daran, durch seine Gnade im Leben zu herrschen. Du kannst dir deine Errettung, deine Heilung oder deinen finanziellen Durchbruch nicht durch deine eigenen Bemühungen verdienen. Wenn das größte Wunder – vor der Hölle gerettet zu sein – aus Gnade durch Glauben kommt und nicht durch deine Werke, wie viel mehr dann die kleineren Wunder wie Heilung, Wohlstand und wiederhergestellte Ehen.

Mein Freund, Jesus hat alles am Kreuz vollbracht. Unsere Aufgabe besteht nun darin, unser Vertrauen in sein vollendetes Werk zu setzen, mit offenen Armen den Überfluss der Gnade und das Geschenk der Gerechtigkeit zu empfangen und zu beginnen, im Leben zu herrschen durch den Einen, Jesus Christus. Lass es heute dein Gebet sein, damit aufzuhören, dir Gottes Gnade und Gerechtigkeit verdienen zu wollen. Lass dir vom Heiligen Geist beibringen, wie du anfangen kannst, dich auf Jesu vollbrachtes Werk zu verlassen und es durch seine Gnade zu empfangen. Das ist Gottes müheloser Weg zu Erfolg, Erfüllung und siegreichem Leben!

Zur Herrschaft bestimmt

Das Geheimnis zu mühelosem Erfolg, Erfüllung und siegreichem Leben

Menschen sind zu einem erfüllten und siegreichen Leben berufen. Durch Jesus hat Gott alles dafür vollbracht. Joseph Prince zeigt, wie wir Krankheiten, finanziellen Notlagen, zerbrochenen Beziehungen und zerstörerischen Gewohnheiten mit Zuversicht und Autorität entgegentreten können.

348 Seiten, gebunden mit Lesebändchen
Auch als E-Book und Hörbuch erhältlich.